Inhalt

Teil 2

Ökosystem Wald

		Teil 1
① Wald-Quiz	73	Was ist das und wo ist es?
② Monokultur – naturnaher Wald	73	
③ Waldarten in Österreich und in der Schweiz	74	Waldarten – Vielfalt oder Einheit?
④ Der Borkenkäfer – gefräßiger Schädling im Wald	74	
⑤ Stockwerk – „Welche Etage darf's denn sein?"	75	
⑥ Epiphyten – kennst du dich damit aus?	75	Verschiedene Stockwerke im „Hause Mischwald"
⑦ Hirsche und Rehe – zwei scheue Geweihträger	76	
⑧ Die ökologische Nische des Eichhörnchens	76	
⑨ Nahrungsbeziehungen – wer frisst wen?	77	
⑩ Der Wald nützt uns und schützt uns und unsere Umgebung	77	Der Wald – das grüne Wunder
⑪ Der Wald – Regentonne und Bewässerungsanlage in einem	78	
⑫ Aufbau eines Baumes	79	Bäume – rekordverdächtige Lebewesen
⑬ Jahreszeiten im Wald	80	„Sommerkleid" und „Winteroutfit"
⑭ Für Blattexpertinnen und Blattexperten – Laubbäume	81	Chamäleons des Waldes – einheimische Laubbäume
Ein BLÄTTERHERBAR erstellen	**83**	
⑮ Nadelbäume	84	Robuste Gehölze – einheimische Nadelbäume
⑯ Laub- und Nadelbäume	85	
⑰ Sträucher	88	Zum Verzehr geeignet oder giftig ...
⑱ Vermehrung von Laub- und Nadelbäumen	89	Vermehrung – wo sind die Blüten?
⑲ Farne	91	Farne – Waldpflanzen ohne Blüten ...
⑳ Grüne Wasserspeicher – Moose	92	Moose – klein und fein und doch kräftig mächtig
㉑ Auch Pilze vermehren sich mit Sporen	93	Pilze – weder Tier noch Pflanze
㉒ Flechten	94	Flechten – eine Besonderheit ...
㉓ Der Europäische Dachs – ein einheimisches Wirbeltier	95	Wer „wirbelt" durch den Wald?

Im Reich der Wirbellosen – Insekten

① „Typisch Insekt"	96	
② Insekten und ihre Sinnesorgane	96	
③ Der Insektenkörper	97	
④ Ein Insekt „unter die Lupe nehmen"	97	
⑤ Körpersysteme der Insekten	98	„Typisch Insekt" – wichtige Kennzeichen
⑥ Heuschrecken verwandeln sich „unvollkommen"	99	
⑦ Heuschrecken riechen mit Fühlern, „singen" und springen	99	
⑧ Aufgaben und Entwicklungsstadien verkehrt herum?	100	
⑨ Du bist dran! Vergleiche Insekten mit Wirbeltieren!	100	
⑩ Der Bienenstaat	101	
⑪ Die Entwicklung der Honigbiene	102	
⑫ Das Arbeitsleben der Honigbiene	102	Die Honigbiene – Produzentin des „süßen Goldes"
⑬ Fakten zu den Bienen – richtig oder falsch?	103	
⑭ Rund um die Imkerei	103	
⑮ Bienenstich und Bienengift	104	
⑯ Der Ameisenbau	105	
⑰ Das Leben in einem Ameisenbau	105	Ameisen – „soziale Gesundheitspolizei" des Waldes
⑱ Der Ameisenstaat	106	
⑲ Verhaltensweisen der Ameisen	106	
⑳ Kopfläusealarm!	107	
㉑ Stubenfliege – Gemeine Stechmücke – Regenbremse	108	
㉒ Stubenfliegen vermehren sich rasch	108	Stubenfliegen & Co. – lästige Zeitgenossen?
㉓ Andere einheimische und nicht einheimische „Blutsauger"	108	
PLAKAT gestalten	**109**	
㉔ Der Körperbau des Maikäfers	110	
㉕ Scharf nachgedacht! Ähnliche Merkmale, andere Ordnung?	110	Einheimische Käfer – artenreiche Sechsbeiner
㉖ Entwicklungsstadien eines Mehlkäfers	110	
㉗ Schmetterlingsprofi!	111	
㉘ Schmetterlingspuzzle	112	Schmetterlinge – oft farbenprächtige Schönheiten
㉙ Bedeutung von Insekten – positive o. schädigende Wirkung?	113	

Im Reich der Wirbellosen – Spinnentiere

① Was Spinnen unverwechselbar macht	114	Was Webspinnen unverwechselbar macht
② Der Körperbau einer Kreuzspinne	114	
③ Der „künstlerische" Netzbau der Gartenkreuzspinne	115	Die Gartenkreuzspinne – „Künstlerin" ...

Inhalt

Teil 2

④ Die Fortpflanzung der Gartenkreuzspinne 115
⑤ Der „Liebesflirt" der Gartenkreuzspinne 116
⑥ Andere Spinnentiere: Weberknechte, Skorpione und Milben.... 116
⑦ Milben und ihre Lebensräume 116
⑧ Zecken-Know-how 117
Mit DIAGRAMMEN arbeiten 118
⑨ Eine Borreliose kann verschiedene Körperteile betreffen........ 119
⑩ Zeckenbiss – was tun? 119
⑪ Die Entwicklungsstadien einer Zecke............................ 120

Im Reich der Wirbellosen – Weichtiere

① Interessantes über den Jahreszyklus der Weinbergschnecke .. 121
② Die Weinbergschnecke... 122
③ Spannende Experimente in der Klasse 122
④ Die Teichmuschel 122

Im Reich der Wirbellosen – Übersicht

① Die Systematik der Wirbellosen................................... 123

Die Zelle – eine neue Welt im Mikroskop entdecken

MIKROSKOPIEREN 124
① Wie ist ein Mikroskop aufgebaut? 125
② Wie verwendest du ein Mikroskop? 125
③ Was du zum Mikroskopieren brauchst 126
④ Wie mikroskopierst du richtig? 126
⑤ Die Zelle... 127
⑥ Bauplan der Zelle 127
⑦ Bakterien – vielseitige Mitbewohner............................ 129
⑧ Tierische Einzeller – bizarre Lebewesen im Wassertropfen..... 130
⑨ Die Vielfalt der Algen 131

Lebensraum Gewässer

① Der Kreislauf des Wassers 132
② Beschreibe den Wasserkreislauf 132
③ Ein Wasserexperiment 133
④ Fragen zum Wasserexperiment 133
⑤ Erstelle einen Flusssteckbrief! 134
⑥ Fischregionen der Fließgewässer 135
⑦ Kennst du dich mit stehenden Gewässern aus?............ 136
⑧ Pflanzenwelt in und an stehenden Gewässern 137
⑨ So entsteht ein Hochmoor 138
⑩ Hast du dir die Wörter gemerkt? 138
⑪ Zimmerfeuchtwiese 139
⑫ Sonnentau – eine Insekten verdauende Pflanze 139
⑬ Süßwasserschnecken im Vergleich 140
⑭ Schneckenwissen für Profis 140
⑮ Wie ist eine Muschel aufgebaut? 141
⑯ Die Flussperlmuschel 141
⑰ Schnecken und Muscheln im Vergleich........................ 142
⑱ Kostbares Wasser 143
Im TEAM arbeiten 144
⑲ Tiere im und am Wasser 145
⑳ Wie ist der Körper eines Flusskrebses gebaut? 146
㉑ Die Bewohner eines Gewässers sind voneinander abhängig ... 147
㉒ Ein Umwelträtsel... 148
㉓ Was weißt du über verschmutzte Gewässer? 148
㉔ Gewässergüteklassen und Zeigerorganismen 149
㉕ Wie funktioniert eine Kläranlage? 150

Teil 1

▶ Die Paarung – meist eine „tödliche Angelegenheit"

▶ Andere Spinnentiere: Weberknechte, Skorpione und Milben

▶ Die Weinbergschnecke – eine Gehäuseschnecke
▶ Muscheln – kopflose Weichtiere

▶ Im Reich der Wirbellosen – Übersicht

▶ Alle Lebewesen bestehen aus Zellen

▶ Bauplan der Zelle
▶ Bakterien – winzige Multitalente
▶ Das Pantoffeltierchen – ein tierischer Einzeller
▶ Algen gibt es als Einzeller und als Vielzeller

▶ Die Vielfalt der Fließgewässer

▶ Stehende Gewässer
▶ Die Zonen eines Sees

▶ Mystische Moore

▶ Gewässer bieten Lebensraum für viele Tiere

▶ Kostbares Wasser

▶ Infotexte für Gruppenarbeiten: Wassertiere

Ökosystem Wald

1) Wald-Quiz

W1 Suche im Buchstabenfeld die Fachbegriffe zu diesem Kapitel (→, ↓)!

Y	R	Ö	K	O	S	Y	S	T	E	M	X
S	R	S	I	M	N	S	S	O	B	I	B
B	G	U	M	D	K	X	U	B	B	F	M
A	N	F	O	R	S	T	L	A	B	A	O
N	C	C	K	E	P	A	D	U	D	G	N
N	M	R	Z	G	T	Z	R	M	Ö	E	O
W	X	T	C	E	Ä	X	B	G	B	O	K
Ä	G	Y	N	N	J	P	V	R	I	W	U
L	D	R	E	W	E	N	M	E	Z	A	L
D	F	T	V	A	G	W	Q	N	D	R	T
E	D	H	D	L	Ä	G	D	Z	Y	D	U
R	Q	Ä	H	D	C	Ö	P	E	Ä	K	R

★ Höhenlage im Gebirge, ab der keine Bäume mehr wachsen

★ Wälder, die vor Naturgefahren schützen

★ Gemeinschaft aller Lebewesen mit ihrem Lebensraum

★ Waldgebiet der Tropen

★ stark bewirtschafteter Wald

★ Vorkommen von nur einer einzigen Nutzpflanzenart

2) Monokultur – naturnaher Wald

W3 Ordne die Wortgruppen richtig zu! Bemale die Gegensätze mit derselben Farbe!

* planmäßige Bepflanzung durch den Menschen   * stabiles biologisches Gleichgewicht
* wirtschaftlicher Nutzen auf Kosten des biologischen Gleichgewichts, der Artenvielfalt und der Bodenfruchtbarkeit
* ökologischer Nutzen (für die Umwelt)   * von Menschen geringfügig beeinflusst   * alle Bäume gleichen Alters
* Artenvielfalt (viele verschiedene Lebewesen)   * eine einzige Baumart   * halten Stürmen besser stand
* unterschiedlich schnell wachsende Pflanzen   * anfällig für Sturmschäden   * anfällig für Schädlingsbefall
* Bäume unterschiedlichen Alters   * meist schnell wachsende Nadelbäume (z. B. Fichten)

MONOKULTUR	NATURNAHER WALD

Ökosystem Wald

③ Waldarten in Österreich und in der Schweiz

W2
W3 Arbeite mit der Methodenseite „Mit Diagrammen arbeiten" (S. 118)! Unter B) Säulen- oder Balkendiagramm findest du einen Vergleich von Waldarten in Österreich und der Schweiz. Lies aus den Diagrammen den Prozentanteil der verschiedenen Waldarten in den beiden Ländern ab. Trage die Angaben in die untenstehende Tabelle richtig ein!

Monokultur	% in Österreich	% in der Schweiz
Laubwald		
Nadelwald		
Mischwald		

④ Der Borkenkäfer – gefräßiger Schädling im Wald

W1 a) Schreibe die Schlangensätze richtig in dein Heft! Achte auf die Groß- und Kleinschreibung!

74.1 Buchdrucker (Borkenkäferart) – stark vergrößert

74.2 Fraßbild mit Larven und Puppen (vergrößert)

DERBUCHDRUCKERISTEINEBORKENKÄFERARTUNDWIRDCA.4BIS5MMLANG.ERISTEIN
GEFÜRCHTETERWALDSCHÄDLING.DIESESINSEKTERNÄHRTSICHVONBAST.DERKÄFER
LEBTINDERRINDEVONNADELBÄUMEN.DABEIWERDENALSERSTESUMGESTÜRZTE
BÄUMEBEFALLEN.NACHSTARKERVERMEHRUNGBESIEDELNDIETIEREAUCHGESUNDE
BÄUME.DABEIBEVORZUGENSIEFICHTEN.DIEKÄFERBOHRENLÖCHERINDIERINDEUND
LEGENDARINEIER.UNTERDERRINDEENTWICKELNSICHAUSDENEIERNLARVEN.DIESE
FRESSENGÄNGEINDENBAST.DERBAUMSTIRBTAB,WEILDERNÄHRSTOFFTRANSPORT
NICHTMEHRFUNKTIONIERT.DERBORKENKÄFERVERMEHRTSICHSCHNELLERBEI
TROCKENHEIT.DIEBÄUMEKÖNNENDANNWENIGERWASSERAUFNEHMENUNDSOMIT
WENIGERHARZPRODUZIEREN.DASHARZISTDIENATÜRLICHESCHUTZEINRICHTUNG
GEGENSCHÄDLINGSBEFALL.EINEWEITEREBORKENKÄFERARTISTDERKUPFERSTECHER.

W2
FSK b) Recherchiere im Internet oder in Fachliteratur nach weiteren Waldschädlingen! Erstelle zu einem der Tiere einen Steckbrief!

Ökosystem Wald

⑤ Stockwerke – „Welche Etage darf's denn sein?"

Schreibe zu den folgenden Antworten passende Fragen!

Antworten	Fragen
Man findet sie am ausgeprägtesten in Mischwäldern, aber auch in Forsten.	
Sie ist vergleichbar mit dem Keller in einem Haus.	
Hier leben Blindschleichen und Feuersalamander.	
Das ist die Baumschicht.	

⑥ Epiphyten – kennst du dich damit aus?

a) Kreuze die richtigen Aussagen an! Mehrere Antworten sind möglich.

Epiphyten sind
○ tierliebende Pflanzen.
○ auf anderen Pflanzen lebende Pflanzen (= Aufsitzerpflanzen).
○ Schmarotzer.

75.1 Misteln mit Beeren

Misteln sind
○ Bakterien.
○ Halbschmarotzer.
○ kugelförmige Büsche.

Misteln wachsen
○ in den Astgabeln auf Bäumen.
○ im Gemüsebeet.
○ in der Baumschicht.

Parasiten
○ sind Schmarotzer.
○ sind Pflanzen oder Tiere, die ihre Nahrung von ihrem Wirt beziehen.
○ können ihren Wirt oder Teile von ihm zerstören.

Misteln
○ sehen aus der Ferne wie Vogelnester aus.
○ werden durch Vögel verbreitet, wenn diese die unverdaulichen Samen mit dem Kot ausscheiden.
○ sind Epiphyten.

75.2 Epiphytisch lebendes Moos

b) Recherchiere im Internet, wo besonders viele Epiphyten vorkommen und welche das sind!

*

Schreibe einige Pflanzen auf, die als Epiphyten bei uns leben können!

*

Ökosystem Wald

7 Hirsche und Rehe – zwei scheue Geweihträger

W4 Verbinde mit Linien die jeweils zusammenpassenden Satzteile zu den beiden Tierarten! Trage die Buchstaben in der richtigen Reihenfolge unten ein, dann ergibt sich ein Lösungswort!

HIRSCHE

| Rehe und Hirsche ernähren sich |
| Das Geweih des Hirsches ist viel |
| Beide Arten werfen ihr |
| Hirsche und Rehe gehören |
| Im Dickicht der Strauchschicht finden sie |

REHE

| Geweih jährlich ab. Es wächst größer nach. **(C)** |
| optimalen Schutz und genug Nahrung. **(E)** |
| zu den Paarhufern. **(K)** |
| von Kräutern der Krautschicht und von Knospen der Strauchschicht. **(R)** |
| größer als das des Rehbockes. **(I)** |

__ __ __ __ __ ist die deutsche Fachbezeichnung für Rehgeiß.

8 Die ökologische Nische des Eichhörnchens

W1 Ergänze die folgenden Sätze mit den Begriffen aus der Box!

> *Baumschicht   *Bucheckern   *Hinabklettern   *Kletterer   *Kobel   *Körperbau
> *Nahrungssuche   *Nische   *Pflanzen   *Schwanz

Das Eichhörnchen, auch Eichkätzchen genannt, bewohnt die *_____. Dort beweist es sich als geschickter *_____. Es baut sich in dieser hohen Etage sein Nest, den *_____, aus Ästen, Zweigen, Federn und Moos. Durch seinen *_____ ist es perfekt an den Lebensraum angepasst. Beim Springen von Ast zu Ast steuert es mit seinem *_____. Auch das *_____ am Baumstamm fällt ihm leicht. Am Boden geht es auf *_____. Es frisst *_____, Samen aus Zapfen, Insekten, Eier und kleine Jungvögel. Wintervorräte vergräbt es. Aus nicht gefressenen Samen sprießen im Frühling *_____. Das Eichhörnchen trägt somit zur Samenverbreitung bei. Kein anderes Tier hat dieselbe „Rolle" im Ökosystem. Das ist die ökologische *_____ des Eichhörnchens.

Ökosystem Wald

⑨ Nahrungsbeziehungen – wer frisst wen?

a) Zeichne in die Abbildung die Nahrungsbeziehungen mithilfe von Pfeilen (z. B. Fuchs ⟵ Maus) ein! Beantworte dann die Fragen!

1. Welche Nahrungsbeziehung ist entstanden?

   *_____

2. Gib jeweils ein Beispiel aus der Abbildung an:

   PRODUZENT: *_____ KONSUMENT 1. ORDNUNG: *_____

   KONSUMENT 2. ORDNUNG: *_____ DESTRUENT: *_____

b) Erstelle selbst ein Nahrungsnetz und vergleiche es mit dem deiner Banknachbarin, deines Banknachbarn!

⑩ Der Wald nützt uns und schützt uns und unsere Umgebung

Ordne die Begriffe der Abbildung zu! Schreibe die richtigen Nummern an die passenden Stellen!

① Erholungsort   ② Gewinnung von Holz
③ Kohlenstoffdioxid (CO_2) wird aufgenommen, Sauerstoff (O_2) wird abgegeben
④ Kühlung der Umgebung, Wasserdampf steigt auf   ⑤ Lärmschutz   ⑥ Lawinenschutz
⑦ Lebensraum   ⑧ Regen fällt auf die Erde   ⑨ Reinigung der Luft   ⑩ Schutz vor Muren
⑪ Waldboden speichert und reinigt Wasser   ⑫ Wasserbremse bei starkem Regen

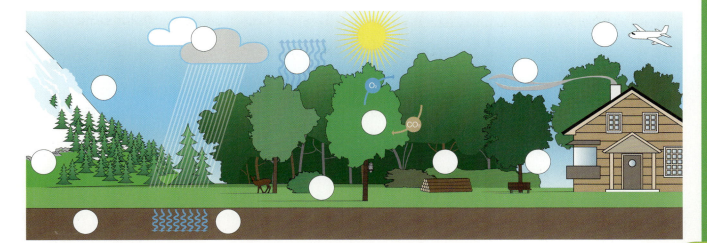

Ökosystem Wald

⑪ Der Wald – Regentonne und Bewässerungsanlage in einem

a) Führe den folgenden Versuch durch und beantworte danach die Fragen!

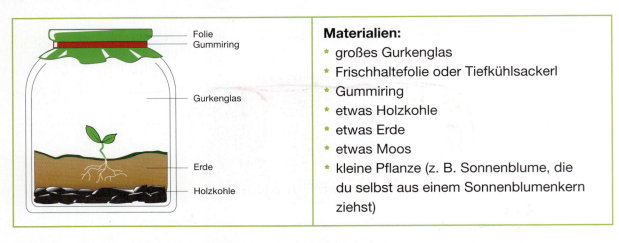

Materialien:
* großes Gurkenglas
* Frischhaltefolie oder Tiefkühlsackerl
* Gummiring
* etwas Holzkohle
* etwas Erde
* etwas Moos
* kleine Pflanze (z. B. Sonnenblume, die du selbst aus einem Sonnenblumenkern ziehst)

Wasche das Gurkenglas gut aus. Fülle die Holzkohle ein. Gib als nächste Schicht die Erde ins Glas. Setze in der Mitte die Pflanze ein. Lege Moos auf die Erde. Gieße etwas Wasser ins Glas – ACHTUNG: Nicht zu viel! Die Erde soll nur feucht sein! Verschließe das Glas mit der Frischhaltefolie oder dem Tiefkühlsackerl und dem Gummiring. Stelle das Glas an einen hellen Ort.

1. Was passiert kurz nach dem Aufstellen des Versuchs? _____

2. An welchen Versuchsmaterialien kannst du Veränderungen feststellen? _____

3. Beschreibe, was sich bildet! _____

4. Was passiert mit der Pflanze? _____

5. Warum vertrocknet die Pflanze nicht? _____

6. Durch welchen Vorgang kann die Pflanze weiterleben? _____

b) Ordne die Vorgänge richtig zu, indem du den Wasserkreislauf in Aufgabe 11a) nummerierst!

	Die Wurzeln nehmen Wasser auf.		Das Wasser wird in alle Pflanzenteile transportiert.
	Die Blätter verdunsten wiederum Wasser.		Es bilden sich Wassertropfen.
	Die Wassertropfen fallen zu Boden.		Der Boden speichert das Wasser wieder.

Ökosystem Wald

12 Aufbau eines Baumes

a) Beschrifte die Abbildung mit den Begriffen aus der Box!

* Bast   * Borke   * Kambium   * Kernholz   * Mark   * Splintholz

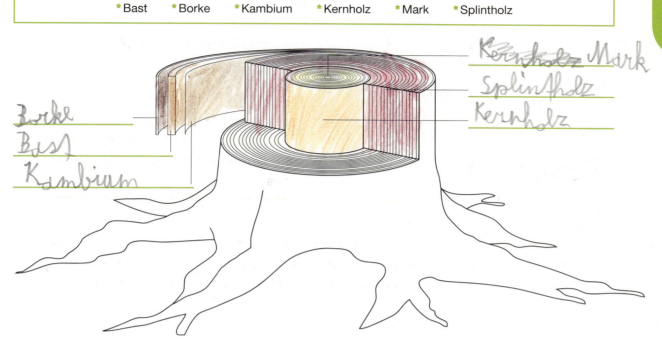

Beschriftungen: Borke, Bast, Kambium (links); Kernholz, Mark, Splintholz, Kernholz (rechts)

b) Bemale die Bereiche des Stammes wie folgt:

Borke – dunkelbraun, Bast – mittelbraun, Kambium – hellbraun, Splintholz – rot, Kernholz – orange, Mark – gelb

c) Aufgabenverteilung im Baumstamm:
Ordne den folgenden Aussagen die passenden Wörter zu!

* Bast   * Borke   * Kambium   * Kernholz   * Mark   * Splintholz

Aussage	Begriff
Wasser- und Mineralstofftransport	Mark
Dickenwachstum des Baumes	Splintholz
vorletzte Schicht nach außen; Transport von Nährstoffen	Bast
bildet das Zentrum des Baumes; kann bei alten Bäumen fehlen	Kernholz
Schutzfunktion; Teil der Rinde	Borke
abgestorbenes Holz; stützt den Baum und gibt Stabilität	Kambium

Ökosystem Wald

13 Jahreszeiten im Wald

a) Lies die Spiegelschrift und schreib die Namen jener Tiere darunter, die die Spuren im Schnee hinterlassen haben. Suche im Internet nach Bildern dieser Tiere und klebe sie in dein Heft (Überschrift im Heft: Waldtiere)!

DACHS	HIRSCH	EICHHÖRNCHEN	FELDHASE
Dachs	Hirsch	Eichhörnchen	Feldhase

b) Der Herbst hat es in sich! Welche Aussagen sind richtig, welche falsch? Kreuze an! Stelle die falschen Aussagen richtig und schreibe sie in dein Heft!

	richtig	falsch
Im Herbst bildet sich das Frühholz.		X
Die Nächte dauern länger als die Tage.		X
Weil weniger Licht auf die Blätter trifft, wird das Chlorophyll abgebaut.	X	
Die Blätter verfärben sich, weil das Chlorophyll gelb wird.	X	
Die Wurzeln können immer noch genug Wasser aufnehmen, weil es in der Erde warm bleibt.	X	
Man kann im Wald jetzt auch Schneerosen und Leberblümchen pflücken.		X
Alle Tiere sammeln die abgefallenen Früchte und legen einen Vorrat für den Winter an.	X	

c) Schau dir die Abbildung gut an! Was kannst du im Stammquerschnitt lesen? Ordne die Beschreibungen der Abbildung zu! Schreibe die Nummern an die passenden Stellen!

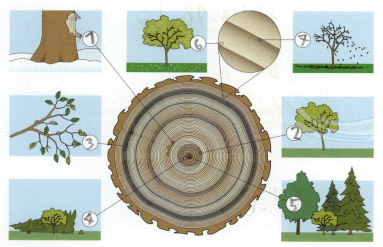

① Schädigung der Borke durch Wildverbiss oder Feuer
② Wind drückt gegen den Baum
③ trockene Jahre oder Schädlingsbefall
④ Nachbarbäume wurden gefällt; gute Versorgung
⑤ viel Schatten als junger Baum
⑥ Frühholz im Frühling angesetzt
⑦ Spätholz im Herbst angelegt

Ökosystem Wald

14 Für Blattexpertinnen und Blattexperten – Laubbäume

a) Beschrifte die Teile eines Blattes!

einfaches Blatt — zusammengesetztes Blatt

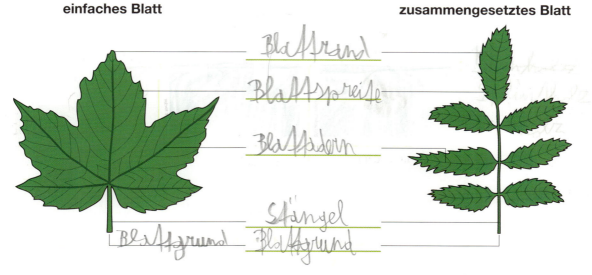

- Blattrand
- Blattspreite
- Blattadern
- Stängel
- Blattgrund / Blattgrund

b) Benenne bei jedem der unten abgebildeten vier Blätter die Form und den Rand! Die folgenden Grafiken helfen dir dabei!

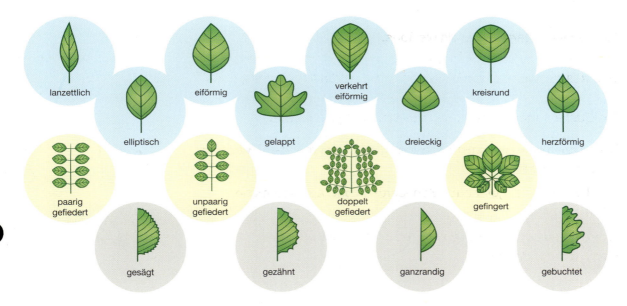

lanzettlich, elliptisch, eiförmig, gelappt, verkehrt eiförmig, dreieckig, kreisrund, herzförmig
paarig gefiedert, unpaarig gefiedert, doppelt gefiedert, gefingert
gesägt, gezähnt, ganzrandig, gebuchtet

Rotbuche	Stiel-Eiche	Spitz-Ahorn	Gemeine Esche
Form: elliptisch	Form: verk. Eiförmig	Form: gelappt	Form: unpaarig gefiedert + lanzettlich
Rand: ganzrandig	Rand: gebuchtet	Rand: gezähnt / ganzrandig	Rand: gesägt

Ökosystem Wald

c) Mithilfe des Zahlencodes findest du die Namen der abgebildeten Bäume. Trage sie in die erste Spalte ein! Verbinde dann mit Linien das Blatt mit dem jeweils passenden Baum!

1	2	3	4	5	6	7	8	9	10	11	12	13	14	15	16	17	18	19	20	21	22	23	24	25	26
L	B	S	M	Y	C	T	R	X	A	W	J	H	Q	K	D	I	G	P	F	O	Z	U	E	V	N

Name des Baumes	Wuchsform	Blatt
H Ä N G E - _ _ _ _ _ 2 17 8 15 24		
S O M M E R - _ _ _ _ _ 1 17 26 16 24		
_ _ _ _ - 8 21 3 3 _ _ _ _ _ _ _ _ 15 10 3 7 10 26 17 24		
F E L D - _ _ _ _ 23 1 4 24		

METHODE

Ein BLÄTTERHERBAR erstellen

Ein Herbar (= Herbarium) ist eine Sammlung von getrockneten Pflanzenteilen, die bestimmt und beschriftet sind. Pflanzen werden bestimmt, indem man sie anhand von Merkmalen systematisch einordnet und dabei ihre Bezeichnung, ihren Namen erhält. Dafür gibt es auch eigene Bestimmungsbücher.

Für ein Blätterherbar brauchst du:

- gesammelte Blätter
- Zeitungspapier
- Mappe
- Alleskleber
- weißes DIN-A4-Papier
- schwere Bücher
- Klarsichthüllen
- Füllfeder oder dünnen Filzstift

	Die 7 Schritte zum erfolgreichen Herbar!	✓
1.	Der Herbst ist die beste Zeit, um Blätter zu sammeln!	
2.	Verwende ein Bestimmungsbuch oder das Internet, um die Blätter zu bestimmen! Mach dir Notizen, damit du die Blätter später richtig benennen kannst!	
3.	Lege deine gesammelten Blätter zwischen Zeitungspapierblätter und presse sie zwischen schweren Büchern! Wechsle das Zeitungspapier täglich aus, damit kein Schimmel entsteht!	
4.	Sind die Blätter völlig getrocknet, klebe sie mit Alleskleber auf ein DIN-A4-Papier! Gehe mit dem Kleber sparsam und sorgfältig um!	
5.	Beschrifte die Blätter, wie du es in der Abbildung unten siehst!	
6.	Ist der Kleber vollkommen getrocknet, gib die Herbarseiten in Klarsichthüllen und ordne sie in eine Mappe ein!	
7.	Gestalte ein schönes Titelblatt! Du kannst dies mit der Hand zeichnen oder mit dem Computer gestalten.	

83.1 Herbarbogen mit Beschriftung

83.2 Beispiel für eine Titelblattgestaltung

Ökosystem Wald

(15) Nadelbäume

a) Verbinde mit Linien die abgebildeten Zapfen mit den Namen der Bäume! Notiere dann, was du über Nadeln und Zapfen der jeweiligen Baumart weißt!

TANNE	FICHTE	LÄRCHE	ROT-FÖHRE
Nadeln: bläulichgrün, starr	Nadeln: frisch grün, abgerundete Spitze 3 cm	Nadeln: 10–30 mm lang vor. stumpf	Nadeln: 2 cm lang, 1 mm breit
Zapfen: spitz, nach 2 Jahren reif	Zapfen: aufrecht	Zapfen: eiförmig breit	Zapfen: Weibibüten-orange, Männ. braun

b) Warum kannst du am Waldboden keine Tannenzapfen finden?

* Sie lassen ihre Samen frei. Dann verlieren sie ihre Schuppen und gehen auseinander

c) Versuch mit vier Fichtenzapfen oder Föhrenzapfen

Materialien: zwei Fichten- oder Föhrenzapfen, eine Schüssel mit kaltem Wasser

Lege einen Zapfen an einen trockenen, warmen Ort und den anderen ins Wasser. Warte einige Zeit und beobachte, was passiert! Notiere deine Beobachtungen in der folgenden Tabelle und fertige jeweils eine Skizze der Zapfen an!

trocken und warm		feucht und kalt	
Beobachtung:	Skizze:	Beobachtung:	Skizze:

d) Überlege und notiere, welche Auswirkung das Wetter auf die Samenverbreitung hat!

*

Ökosystem Wald

e) Löse das Kreuzworträtsel! Bringe die Buchstaben der gefärbten Felder in die richtige Reihenfolge, dann erhältst du ein Lösungswort!

- Anderer Ausdruck für „Zapfenträger":
- Auch im Winter grün:
- Baum, der im Herbst die Nadeln verliert:
- Pflanzen mit frei liegender Samenanlage:
- Weibliche, verholzte Blütenstände:
- Tiefe, gut verankernde Wurzel:
- Baum mit Wurzeln in der Nähe der Bodenoberfläche:
- Windwurf gefährdeter Nadelbaum:
- Nadelbaum ohne Zapfenbildung:
- Baum der Höhenlagen (bis ca. 2 300 m):

__ __ __ __ __ __ __ __ __ __ ist ein beliebtes Holz für Tischlerarbeiten.

16 Laub- und Nadelbäume

a) Vergleiche Laubbäume und Nadelbäume miteinander! Ordne die Beschreibungen aus der Box richtig zu!

> * Bedecktsamer * breit, dünn, fein * dick, fest, nadelförmig * Herbstfärbung; fällt ab
> * hoch; Verdunstung über Blätter * immer getrenntgeschlechtig; meist Windbestäubung
> * immergrün (außer: Lärche) * keine; Samen in Zapfen * Nacktsamer
> * niedrig; Verdunstungsschutz bei Nadeln * Rotbuche, Esche, Linde * Tanne, Fichte, Zirbe
> * unterschiedlich; mit Samen * zwittrig oder getrenntgeschlechtig; manchmal Insektenbestäubung

	LAUBBÄUME	NADELBÄUME
Blätter	breit, dünn, fein	dick, fest, nadelförmig
Laub in den Jahreszeiten	Herbstfärbung fällt ab	immergrün (außer: Lärche)
Wasserverbrauch	hoch	niedrig
Blüten	zwittrig oder getrenntgeschlechtig manchmal Insektenbestäubung	immer getrenntgeschlechte meist Windbestäubung
Samenentwicklung	Bedecktsamer	Nacktsamer
Früchte	unterschiedlich mit Samen	keine; Samen in Zapfen
Beispiele	Rotbuche, Esche, Linde	Tanne, Fichte, Zirbe

85

Ökosystem Wald

b) Ergänze die folgenden Sätze mit den Begriffen aus der Box!

> * Dinosaurier   * Fächerblattbaum   * Jahrtausends   * langsam
> * lebendes Fossil   * Medizin   * Nacktsamern   * sommergrün   * zweihäusig

Der Ginkgo biloba heißt auch *_____.

Fächerblätter sind die Vorgänger der heutigen Nadeln. Wie die Nadelbäume gehört der Ginkobaum zu den *_____.

Er ist wie die Lärche *_____, d. h. er verliert im Herbst die Blätter. Ginkgos gibt es schon sehr lange auf der Erde. Im Zeitalter der *_____ waren sie weitverbreitet. Der Ginkgo biloba ist der einzige noch existierende seiner Ordnung und gilt daher als *_____.

Er ist in China heimisch, wird aber in europäischen Gärten und Parks oft angepflanzt. Der Baum wächst sehr *_____.

Da die männlichen und weiblichen Blüten auf verschiedenen Pflanzen wachsen, ist er *_____. Spezielle Stoffe in den Blättern werden in der *_____ verwendet. In den Jahren 1999–2000 wurde der Ginko zum Baum des *_____ gekürt.

c) In unterschiedlichen Höhenlagen wachsen unterschiedliche Bäume. Betrachte die Abbildung! Sie ist ein Beispiel für die Kalkalpen (OÖ). Gib jeweils die obere Grenze der verschiedenen Waldarten in Metern an! Notiere auch die Höhe der Baumgrenze!

Laubwald	Mischwald	Nadelwald	Baumgrenze

Ökosystem Wald

d) Teamarbeit: Lest euch die Beschreibungen gegenseitig vor und bestimmt die Baumart! Notiert den Namen und ordnet die Bilder zu!

Nr.	Junges Pflänzchen	Nr.	Beschreibung
1			Ich werde einmal ein großer, Schatten spendender Laubbaum. Meine Früchte dienen als Nahrung für Rotwild. Kinder verwenden sie gerne zum Basteln oder Spielen. Im Frühling trage ich auffällige Blütenstände. Mich wirst du wahrscheinlich in einem Park finden. Weißt du, wer ich bin? * _____
			Es ist wohl nicht schwer zu erkennen, dass ich zu den Nadelbäumen gehöre. Noch bin ich ganz klein und zart. Meine Nadeln sind dunkelgrün und flach. Ihre Spitzen sind stumpf. Sie stechen also nicht. Wenn ich einmal groß bin, werden auf meinen Zweigen stehende Zapfen wachsen. Wer bin ich? * _____
			Ich werde einmal ein Laubbaum. Wenn die Bedingungen gut sind, kann ich richtig groß, knorrig und alt werden. Manche von uns sind schon um die tausend Jahre alt. Meine Früchte sind von einer harten Schale umgeben und sind von Bechern umhüllt. Kinder verwenden die Becher zum Spielen und tun so, als wären das kleine Pfeifchen. Bestimmt weißt du jetzt, wer ich bin. * _____
			Im Frühling, nach der Schneeschmelze, kannst du viele von meiner Art aus dem Waldboden wachsen sehen. Das kommt daher, dass Waldtiere im Herbst einen Vorrat an meinen Früchten anlegen. Wenn die Früchte dann nicht ausgegraben werden, entwickeln sich daraus kleine Pflänzchen. Diese Früchte kannst du übrigens im Herbst auch essen. Du musst sie nur aus der stacheligen Hülle nehmen und abschälen. Wie heiße ich? * _____

87

Ökosystem Wald

17 Sträucher

a) Schreib den Satz in Spiegelschrift richtig ab und bestimme dann den beschriebenen Strauch!

> Alle Teile des Strauches sind giftig. Er hat rote, vierteilige Kapseln als Früchte.

*_____

_____ Strauchname: *_____

> Der Blütenstand besteht aus größeren Außenblüten und kleinen Innenblüten.

*_____

_____ Strauchname: *_____

> Die Blüten und Beeren dieses Strauches eignen sich hervorragend zur Saftherstellung.

*_____

_____ Strauchname: *_____

> Die leuchtend roten Beeren des immergrünen Zwergstrauchs sind genießbar.

*_____

_____ Strauchname: *_____

b) „Versuch": Bereite ein Hollerkoch zu! Es schmeckt ausgezeichnet zu Topfenknödeln!

Du brauchst:	Zubereitung:
* 250 g Holunderbeeren * 60 g Zucker * 1 Pkg Vanillezucker * 1 Prise Zimt, gemahlen * 1 Prise Nelken, gemahlen * etwas abgeriebene Zitronenschale * 250 ml (= 1/4 Liter) Wasser * 30 g Maisstärke	1. Gib alle Zutaten bis auf die Maisstärke in einen Topf. 2. Lass alles aufkochen. 3. Entnimm etwas Flüssigkeit und rühre damit die Maisstärke in einer Schüssel glatt. 4. Rühre die angerührte Maisstärke ein. 5. Lass es nochmal aufkochen – fertig!

c) Suche weitere Rezepte mit Brombeeren, Preiselbeeren, Heidelbeeren und Holunder! Tauscht sie innerhalb der Klasse!

d) Schreibe die Schlangensätze richtig in dein Heft! Achte auf die Groß- und Kleinschreibung!

> HECKENWARENLANGEZEITIMWEG,WEILSIELANDWIRTSCHAFTLICHENUTZFLÄCHENVERBRAUCHTENUNDDIEBEARBEITUNGDERFELDERMITGROSSENMASCHINENKOMPLIZIERTERMACHTEN.HEUTEPFLANZENVIELEMENSCHENWIEDERSTRÄUCHERINHECKENALSNATÜRLICHENSICHTSCHUTZAN.NATÜRLICHEHECKENERFÜLLENAUCHANDEREWICHTIGEAUFGABEN.SIESCHÜTZENVORWINDUNDAUSTROCKNUNGDESBODENS.AUSSERDEMSINDSIELEBENSRAUMFÜRVIELEPFLANZENUNDTIERE.EINIGETIERE(Z.B.REHE)ORIENTIERENSICHANIHNENAUFIHRENWANDERUNGEN.

Ökosystem Wald

18 Vermehrung von Laub- und Nadelbäumen

a) Sieh dir das Blatt oder die Nadel und den Zweig mit den Blüten an. Bestimme jeweils die Baum- und Blütenart (zwittrig oder getrenntgeschlechtig) und entscheide zwischen einhäusig und zweihäusig (außer bei einer Baumart)! Hilfe dazu findest du z. B. in Teil 1 auf den Seiten 14 und 20!

Blatt	Zweig mit Blüten	Beschreibung
		• Hänge-Birke • getrenntgeschlechtig • einhäusig
		• • •
		• • •
		• • •

Ökosystem Wald

b) Erstelle ein mikroskopisches Präparat von Pollenkörnern und fertige dann eine mikroskopische Zeichnung – wie angegeben – an! Hilfe dazu findest du im Methodenblatt auf Seite 124!

Materialien:

zum Mikroskopieren:

* Mikroskop
* Objektträger
* Pinzette
* Deckglas
* Pipette
* kleines Wasserschälchen
* Pollenkörner einer männlichen Blüte einer Föhre

zum Zeichnen:

* weißes Blatt Papier
* 2 Bleistifte mit unterschiedlicher Stärke
* Radiergummi
* Lineal

Hinweise zur Erstellung einer mikroskopischen Zeichnung:

1. Arbeite mit einem harten und mit einem weicheren Bleistift!
2. Schau dein Präparat genau an!
3. Lass dir Zeit und arbeite sorgfältig!
4. Zeichne in der Mitte des Blattes und lass genug Platz für die Beschriftung!
5. Zeichne zuerst mit dem harten Bleistift feine Linien!
6. Schau immer wieder in das Mikroskop und überprüfe deine Arbeit!
7. Arbeite dann mit dem weicheren Bleistift Einzelheiten in deiner Zeichnung heraus!
8. Ziehe Beschriftungslinien mit Lineal!
9. Schreibe eine Überschrift und beschrifte deine Zeichnung!

c) Vergleiche diese mikroskopischen Zeichnungen eines Pollenkorns! Finde heraus, welche Zeichnung richtig ist, und kreuze sie an! Schreib unter die anderen Zeichnungen deine Verbesserungsvorschläge! Vergleicht eure Ergebnisse innerhalb der Klasse!

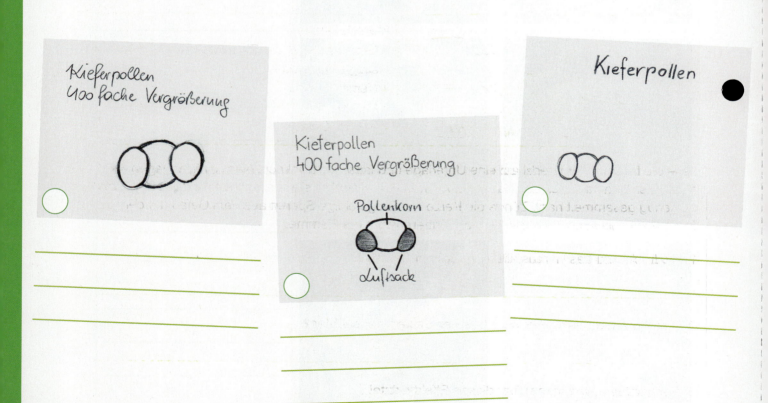

Ökosystem Wald

⑲ Farne

a) Beschrifte den Generationswechsel mit den Begriffen aus der Box!

> * Farnwedel   * männliche Geschlechtsorgane   * Schwärmer   * Sporen
> * Sporenkapsel   * Vorkeim   * weibliche Geschlechtsorgane

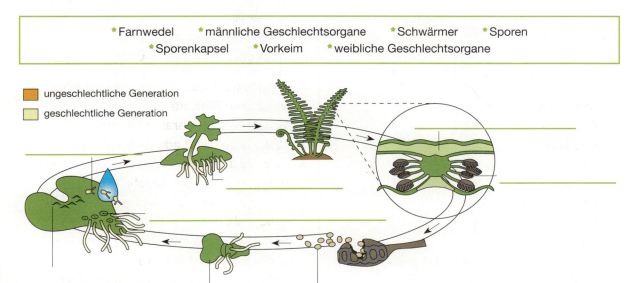

- ungeschlechtliche Generation
- geschlechtliche Generation

b) Bemale den Teil des Kreises gelb, der zur geschlechtlichen Generation gehört und den Teil braun, der zur ungeschlechtlichen Generation gehört!

c) Überlege, welcher Abschnitt des Generationswechsels die Wassergeneration und welcher die Landgeneration ist. Schreibe dein Ergebnis auf und begründe es!

d) Bitte deine Lehrerin oder deinen Lehrer, dir bei dem folgenden Versuch zu helfen, und beantworte danach die darunter stehenden Fragen!

Materialien:
* Unterlage (z. B. ein Blatt Papier)
* einige Farnwedel
* Kerze
* Pipette
* kleines Gefäß

Lege die frischen Farnwedel auf eine Unterlage und lasse sie trocknen. Nach einigen Tagen wirst du auf der Unterlage herausgefallene Sporen finden. Bewahre sie in einem kleinen Gefäß auf, bis du genug gesammelt hast. Zünde die Kerze an. Sauge einige Sporen aus dem Gefäß mit der Pipette auf und spritze sie aus ca. 1 cm Entfernung in die Flamme.

1. Wodurch wird das Herausfallen der Sporen bewirkt?

2. Was kannst du beim Hineinspritzen der Sporen beobachten?

3. Recherchiere, wie man früher diesen Effekt nutzte!

Ökosystem Wald

⑳ Grüne Wasserspeicher – Moose

a) Führe den Versuch durch und beantworte danach die darunter stehenden Fragen!

Materialien:
* Moospolster in Handflächengröße, der lange im Trockenen gelegen ist
* Küchenwaage
* Schüssel
* Wasser
* Messbecher

Wiege den Moospolster ab und notiere, wie schwer er ist. Lege den Moospolster in die Schüssel und fülle Wasser ein, sodass das Moos darin schwimmt. Lass es ca. 15 min stehen. Wiege den Moospolster dann wieder ab und notiere, wie schwer er ist.

1. Was ist mit dem Moospolster geschehen?

   * _____

2. Rechne aus, wie viel ml Wasser aufgesaugt wurden? (1g entspricht 1ml)

   * _____

3. Drücke das Wasser aus dem Moospolster über dem Messbecher aus! Wie viel ml sind das?

   * _____

4. Wieso ergibt sich zwischen den Ergebnissen von Frage 2 und Frage 3 eine Differenz?

   * _____

b) Ergänze die folgenden Sätze mit den Begriffen aus der Box!

> * Blättern   * Generationswechsel   * Pionierpflanzen   * Sporen   * Sporenkapsel
> * ungeschlechtliche   * Wind   * Wurzelhaaren

Moose verankern sich im Boden mit feinen *_Wurzelhaaren_*. Die Wasseraufnahme erfolgt hauptsächlich mit den Stielen und *_Blättern_*. Moose vermehren sich anders als Blütenpflanzen. Sie durchlaufen einen *_Generationswechsel_*. Die Schwärmer aus einer Moospflanze schwimmen über Wasserbrücken zur Eizelle auf einer anderen Moospflanze. Auf diese geschlechtliche Generation folgt die *_ungeschlechtliche_* Generation. Aus der befruchteten Eizelle wächst die *_Sporenkapsel_*, in der *_Sporen_* heranreifen. Wenn die Kapsel aufreißt, werden die Sporen durch den *_Wind_* verbreitet und fallen zu Boden. Daraus entstehen neue Moospflanzen. Moose sind *_Pionierpflanzen_*, d. h. sie gehören zu den ersten Pflanzen, die einen neuen Lebensraum besiedeln.

Ökosystem Wald

21) Auch Pilze vermehren sich mit Sporen

a) Beschrifte die Abbildung! Ordne dann die Beschreibungen richtig zu. Schreibe dazu die richtigen Nummern an die passenden Stellen!

* junger Sporenträger * Lamellen * Mycel * reifer Sporenträger * Ring * Spore * Ständerzelle

① Wenn die Sporen reif sind, fallen sie auf den Boden. ② Die Sporen keimen. ③ Die Hyphen verbinden sich. ④ Aus den Hyphen entsteht ein neues Mycel. ⑤ Der junge Fruchtkörper wächst.

b) Der Pilz hinterlässt Spuren – oder doch Sporen? Notiere das Ergebnis!

Materialien:
* Lamellen- oder Röhrenpilz
* weißes Blatt Papier

Durchführung:
1. Trenne den Hut vom Stiel.
2. Lege ihn mit den Lamellen oder Röhren nach unten auf das Blatt Papier an einen trockenen und windstillen Ort.
3. Warte einen Tag.
4. Hebe den Hut vorsichtig vom Blatt Papier weg.

Ergebnis:

c) Schreibe zu folgenden Antworten passende Fragen! Informiere dich anschließend genauer über die genannten Pilze!

Antworten	Fragen
Schimmelpilze brauchen Feuchtigkeit und Wärme zum Wachsen.	
Beim Gärvorgang sind Hefepilze am Werk.	
Trüffel sind Pilze und werden nicht mehr von Schweinen, sondern von Hunden gesucht.	
Bei Bovisten, auch Stäublinge genannt, findet die Sporenreifung im Inneren des Fruchtkörpers statt.	

93

Ökosystem Wald

22 Flechten

a) Welche Aussagen sind richtig, welche falsch? Kreuze an! Stelle die falschen Aussagen richtig und schreibe sie in dein Heft!

Aussage	richtig	falsch
Flechten sind Doppellebewesen.	X	
Flechten bestehen aus Pilzen und Algen.	X	
Durch die Lebensgemeinschaft zwischen Pilzen und Algen werden die Pilze geschädigt.		X
Bei günstigen Bedingungen wachsen Flechten extrem schnell.		X
Flechten sind Pionierpflanzen.	X	
Manche Flechten sind Bioindikatoren, weil sie sehr widerstandsfähig gegen Hitze, Kälte, Trockenheit und Schadstoffe in der Luft sind.	X	
Bartflechten wachsen bei stark verschmutzter Luft besonders gut.		X
Manche Flechten sind Bioindikatoren, weil sie durch ihr Vorkommen die gute Qualität der Luft anzeigen.	X	
Abgebrochene Flechtenstücke können an einem anderen Ort weiterwachsen.	X	

b) Ordne die Wortgruppen aus der Box richtig zu!

> * Symbiose zwischen Pilz und Alge   * untere Rindenschicht mit Haftfasern
> * verschiedene Schichten   * Sporen   * Markschicht (lockere Pilzfäden mit Algen)
> * überstehen extreme Hitze, Kälte und Trockenheit   * Pionierpflanzen
> * reagieren empfindlich auf Schadstoffe   * abgebrochene Flechtenstücke   * obere Rindenschicht
> * wachsen extrem langsam   * Bioindikatoren

Bau	Lebensweise
untere Rindeschicht mit Haftfasern, verschiedene Schichten, Markschicht, obere Rindschicht, reagieren empfindlich auf Schadstoffen	Pionierpflanzen, überstehen extreme Hitze, Kälte und Trockenheit, Symbiose zwischen Pilze und Algen, Bioindikatoren, wachsen extrem langsam

Vermehrung: abgebrochene Flechtenstücke, Sporen

c) Recherchiere, welche Lebensräume Flechten erobern können, und notiere dein Ergebnis! Vergleicht anschließend in der Klasse!

Ökosystem Wald

23 Der Europäische Dachs – ein einheimisches Wirbeltier im Wald

a) Lies den Text sorgfältig und unterstreiche in jedem Absatz zwei bis vier Schlüsselwörter!

Der Dachs ist ein Wirbeltier. Er gehört zur Klasse der Säugtiere und zur Ordnung der Raubtiere. Er zählt zur Familie der Marderartigen.
Alle Wirbeltiere haben ein innenliegendes Knochenskelett. Der Körper des Dachses ist länglich geformt und von einem Fell bedeckt. Dieses ist an der Körperunterseite schwarz und an der Oberseite grau gefärbt. Durch sein gestreiftes Gesicht ist der Dachs unverwechselbar. Die Streifen ziehen sich von der Schnauze über die Augen bis zu den Ohren. Der Dachs hat kurze Beine und kräftige Pfoten mit langen, festen Krallen.
Die Krallen des Dachses sind ausgezeichnete Grabwerkzeuge. Mit ihnen kann er seinen unterirdischen Bau im Waldboden graben und erweitern. Dort hält sich der Dachs tagsüber auf. Nachts ist er aktiv. Dann begibt er sich auf die Jagd nach Beutetieren. Der Dachs ist ein Allesfresser. Zu seiner Nahrung gehören Insekten, Schnecken und Vogeleier genauso wie Pilze, Früchte und Körner.
Dachse sind sehr scheu und leben normalerweise im Wald. Es kommt aber vor, dass Dachse in Komposthaufen in Wohnsiedlungen nach Nahrung suchen. Manchmal wühlen sie auch in der Erde von Gärten und hinterlassen dabei tiefe Gräben. In Fabeln ist der Dachs als „Grimbart" bekannt. Aus Dachshaaren werden Pinsel hergestellt.

b) Ordne nun die passenden Zwischenüberschriften aus der Box richtig zu!

Zwischenüberschriften

* Dachse sind niedliche Waldtiere
* Körperbau und unverwechselbares Erkennungsmerkmal
* Mensch und Dachs
* Ein Bau als „Wohnung"
* Gefahr für den Menschen
* Einordnung des Dachses in das System
* Lebensraum und Lebensweise

Im Reich der Wirbellosen – Insekten

1 „Typisch Insekt"

W1 Trage die richtigen Begriffe ein! Wenn du sie gefunden hast, ergibt sich mit den Buchstaben aus den mit einem grünen Sternchen markierten Kästchen ein Lösungswort!

1. Der harte Panzer eines Insekts besteht aus … — **CHITIN**
2. Der Insektenkörper gliedert sich in Kopf, Brust und … — **HINTERLEIB**
3. Insekten haben … Beine. — **SECHS**
4. Insektenbeine haben einen … Grundbauplan. — **GEGLIEDERTEN**
5. Wirbeltiere haben ein Innenskelett, Insekten ein … — **AUSSENSKELETT** (geschrieben: BRUSENSKELETT / AUSS)
6. Die … wird in der Fachsprache Thorax genannt. — **BRUST**

Lösungswort: **INSEKT**

2 Insekten und ihre Sinnesorgane

W1 Ergänze die folgenden Sätze mit den Begriffen aus der Box! Beachte: Es stehen mehr Begriffe zur Verfügung, als du benötigst!

> *Antennen *Bewegung *Blickfeld *Einzelaugen *Facettenaugen *Feinden
> *Hören und Tasten *Pupillenauge *Riechen und Tasten
> *Satelliten *scharfes Bild *sehr schlecht *sehr gut *Umwelteinflüssen

Insekten haben zum *Riechen und Tasten* ein Paar Fühler. Diese werden auch als *Antennen* bezeichnet. Ihr Sehsinn ist *sehr gut* ausgebildet. Die Augen bestehen aus meist vielen *Einzelaugen*. Sie werden auch *Facettenaugen* genannt. Durch die halbkugelförmige Bauweise der Augen haben Insekten ein größeres *Blickfeld* als viele Wirbeltiere. Um sich gut vor *Feinden* schützen zu können, hat sich das Insektenauge auf die Wahrnehmung von *Bewegung* spezialisiert.

Im Reich der Wirbellosen – Insekten

③ Der Insektenkörper

Beschrifte den Insektenkörper! Schreibe die richtigen Bezeichnungen aus der Box zu den Nummern in der Tabelle!

*Brust   *Facettenauge   *Flügel   *Fühler (Antennen)   *Fuß   *Hinterleib   *Kopf
*Mundwerkzeuge   *röhrenförmiges Herz   *Strickleiternervensystem

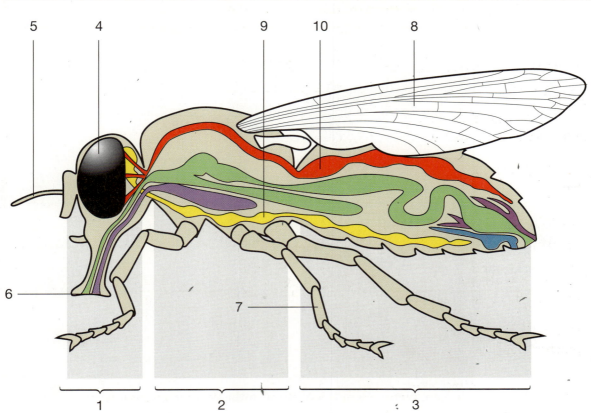

1	Kopf	6	Mundwerkzeug
2	Brust	7	Fuß
3	Hinterleib	8	Flügel
4	Facettenauge	9	Strickleiternervensystem
5	Fühler	10	röhrenförmiges Herz

④ Ein Insekt „unter die Lupe nehmen"!

Schau dir einen Insektenkörper mit der Lupe an!

1. Betrachte einen Insektenkörper mit der Lupe! Hake alle Körperteile in der oben stehenden Tabelle ab, die du erkennen kannst!
2. Sieh dir das Insektenauge genau an! Zeichne einen Ausschnitt der Oberfläche des Facettenauges!
3. Betrachte das Bein! Skizziere und beschrifte es (Hüfte, Schenkelring, Schenkel, Schiene, Fuß)!

Im Reich der Wirbellosen – Insekten

5 Körpersysteme der Insekten

T1 S. 29

a) Schreibe zu folgenden Antworten passende Fragen!
Hilfe dazu findest du in einem Biologiebuch, z. B. in Teil 1 auf Seite 29.

Antworten	Fragen
mit Tracheen	
Stigmen	
farbloses Blut	
röhrenförmig	
offen	
an der Bauchseite	
an eine Strickleiter	

b) Kreuze die richtigen Aussagen an!
Hilfe findest du in einem Biologiebuch, z. B. in Teil 1 auf den Seiten 28 und 29!

Würde eine Biene ersticken, wenn sie mit dem Kopf unter Wasser geraten würde?
○ Nein, weil sie den Sauerstoff im Mund halten kann.
○ Nein, weil sie Atemöffnungen am Hinterleib hat.
○ Nein, weil sie mit Kiemen atmet.

Wo befinden sich am Insektenkörper die Sinnesorgane für Geruch, Erschütterung, Geschmack und Temperatur?
○ Im Brustsegment.
○ An den Flügeln.
○ An den Beinen, Fühlern und Mundwerkzeugen.

Du hast sicher schon einmal beobachtet, dass sich Fliegen oft die Beine reiben. Was ist der Grund dafür? Recherchiere im Internet!

Im Reich der Wirbellosen – Insekten

⑥ Heuschrecken verwandeln sich „unvollkommen"!

Ordne die Sätze den richtigen Entwicklungsstadien im Bild zu! Schreibe dazu die entsprechenden Zahlen aus der Abbildung in die Tabelle (Mehrfachnennungen möglich)!

	Im Frühjahr schlüpfen die Larven.
	Das Weibchen legt die Eier mit dem Legestachel in den Erdboden.
	Das fertige Insekt nennt man Imago.
	Nach der letzten Häutung sind sie geschlechtsreif.
	Während die Larven wachsen, häuten sie sich mehrmals.
	Die Eier überwintern im Boden.
	Sie sind noch sehr klein, haben keine Flügel, sehen aber den erwachsenen Tieren sehr ähnlich.

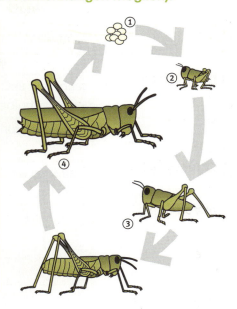

⑦ Heuschrecken riechen mit Fühlern, „singen" und springen

Lies den Informationstext! Kreuze danach die richtigen Aussagen an!

99.2 Grünes Heupferd: lange Fühler; bis 42 mm groß; grüne Färbung; braune Rückenzeichnung; frisst Pflanzen, Insekten; lebt in Wiesen, Felder, Gärten

99.3 Grashüpfer: kurze Fühler; bis 24 mm groß; grünbraune Färbung; ist flugunfähig; frisst Pflanzen; lebt in Wiesen

> Mit etwas Glück hast du im Sommer schon in Wiesen das Zirpen von Heuschrecken gehört. Dieses Geräusch stammt meist von Heuschreckenmännchen. Sie locken Weibchen zur Paarung an. Langfühlerheuschrecken, z. B. das Grüne Heupferd, reiben dazu ihre Vorderflügel aneinander. Manche Kurzfühlerheuschrecken, z. B. der Grashüpfer, benutzen die Vorderflügel und die Hinterbeine. Durch das Entlangziehen eines Sägekamms am Hinterbein an der Kante der Vorderflügel werden Töne erzeugt. Heuschrecken haben kräftige, abgewinkelte Hinterbeine. Mit diesen Sprungbeinen können sie meist hoch und weit springen. Mit ihren Fühlern riechen und tasten Heuschrecken. Sie haben beißende Mundwerkzeuge.

Heuschrecken ...
- ○ haben kräftige Vorderbeine.
- ○ leben ausschließlich im Wald.
- ○ -männchen erzeugen Zirpgeräusche.
- ○ haben Fühler als Riech- und Tastorgan.
- ○ erzeugen ein zirpendes Geräusch, um das Revier abzugrenzen.

Im Reich der Wirbellosen – Insekten

⑧ Aufgaben der Entwicklungsstadien verkehrt herum?

T1 S. 30

W1 Schreibe die folgenden Sätze richtig ab und ergänze das zugehörige Entwicklungsstadium als Überschrift!

	*IMAGO *LARVENSTADIUM *PUPPENSTADIUM
1.	Dieses Stadium kann mehrere Monate bis Jahre andauern. Das Tier frisst, wächst und häutet sich mehrmals – es ist das Fress- und Wachstumsstadium.
2.	In dieser Zeit wandelt sich das Insekt im Inneren einer geschützten Hülle zum erwachsenen Tier – es ist das Umwandlungsstadium.
3.	Das Insekt ist fertig entwickelt und paarungsbereit. Meist ist die Lebensdauer nur kurz – es ist das Fortpflanzungsstadium.

1. *
2. *
3. *

⑨ Du bist dran! Vergleiche Insekten mit Wirbeltieren!

W1 W3 Notiere die Unterschiede von Insekten und Wirbeltieren!

T1 S. 27–29 ①

MERKMAL	INSEKT	WIRBELTIER
Körpergliederung		
Gliedmaßen		
Skelett		
Sehsinn		
Atmung		
Blutkreislauf		

100

Im Reich der Wirbellosen – Insekten

⑩ Der Bienenstaat

Ergänze die fehlenden Informationen zu den drei Bienenformen!
Hilfe dazu findest du in einem Biologiebuch, z. B. in Teil 1 auf Seite 27.

	KÖNIGIN	DROHNE	ARBEITERIN
Abbildung			
Köpergröße	*	18 mm	14 mm
Anzahl pro Staat	*	100 bis 2 000	*
Geschlecht	*	*	weiblich (unfruchtbar)
Entwicklung aus	befruchteten Eiern	*	*
Giftstachel	zu einem Legeapparat für Eier umgewandelt	*	*
Futter für Larven	*	Pollen und Nektar	Pollen und Nektar
Wachsdrüsen	fehlen	fehlen	vorhanden
Hauptaufgabe	*	*	* Füttern der Larven * Bauen der Waben * Verteidigen des Bienenstocks * Produzieren des Honigs, Sammeln von Nektar/Pollen
Lebensdauer	*	einige Monate	*

Im Reich der Wirbellosen – Insekten

11 Die Entwicklung der Honigbiene

Beschrifte die Abbildungen mit den Begriffen aus der Box!
Nummeriere sie in der richtigen Reihenfolge!

> • ~~Eiablage~~   • Fütterung der Larve   • Larvenwachstum   • Puppenruhe
> • Verlassen der Brutzelle   • ~~Verschließen der Brutzelle~~

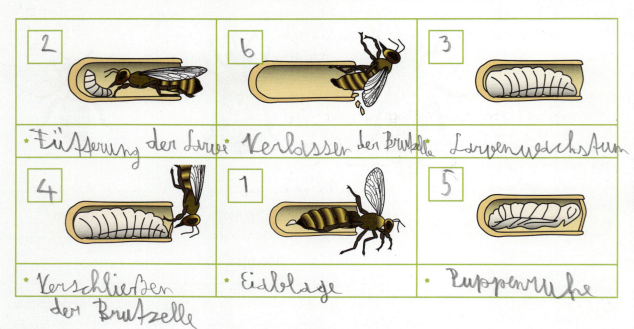

2	6	3
Fütterung der Larve	*Verlassen der Brutzelle*	*Larvenwachstum*
4	1	5
Verschließen der Brutzelle	*Eiablage*	*Puppenruhe*

12 Das Arbeitsleben der Honigbiene

Ordne die Aufgaben den Lebensabschnitten der Honigbiene richtig zu!
Die Buchstaben hinter den Begriffen ergeben ein Lösungswort.

> • Ammenbiene (O)   • Baubiene und Leichenträgerin (L)   • Honigmacherin (L)
> • Putzbiene (P)   • Sammelbiene (N)   • Wächterin (E)

ARBEITSLEBEN DER HONIGBIENE	AUFGABE	LÖSUNGSWORT
1. und 2. Lebenstag	•	
3. bis 10. Lebenstag	•	
11. bis 16. Lebenstag	•	
17. und 18. Lebenstag	•	
19. Lebenstag	•	
20. bis 40. Lebenstag	•	

Schreibe danach alleine oder mit einer Partnerin, einem Partner einen kreativen Kurztext zum Arbeitsleben der Biene in dein Heft! Hilfe dazu findest du z. B. in Teil 1 – der Bienenblog von Jakob. Lest einige in der Klasse vor!

Im Reich der Wirbellosen – Insekten

13 Fakten zu den Bienen – richtig oder falsch?

Welche Aussagen sind richtig, welche falsch? Kreuze an! Stelle die falschen Aussagen richtig und schreibe sie in dein Heft!

BIENENFAKTEN	richtig	falsch
Bienen sind wichtige Blütenbestäuber und somit bedeutsam für unser Ökosystem.	○	○
Königinnen wachsen in kleineren Brutzellen heran.	○	○
Drohnen begatten die Königin beim sogenannten Liebesflug.	○	○
Arbeiterinnen sterben nach der Begattung der Königin.	○	○
Winterbienen überleben, da sie durch ständige Flügelschläge Wärme erzeugen und sich vom eingelagerten Honig ernähren.	○	○
Beim Rundtanz ist die Futterquelle mehr als 100 Meter vom Stock entfernt.	○	○
Beim Schwänzeltanz orientiert sich eine Biene am Sonnenstand und läuft eine Acht.	○	○

14 Rund um die Imkerei

a) Herr Karl aus Fuschl am See ist Imker aus Leidenschaft. Lies das Interview mit ihm zweimal, unterstreiche Schlüsselwörter und schreibe mit diesen Merksätze auf!

Reporter: Herr Karl, was produzieren Bienen neben Honig und Wachs noch?
Herr Karl: Propolis oder auch Kittharz genannt. Bienen vermengen dazu Pollen, Wachs, Körperflüssigkeiten und Harz von Pflanzen zu einem Baustoff, mit dem sie z. B. beschädigte Waben im Stock reparieren.
Reporter: Wir stehen gerade vor Ihren Bienenkästen. Wie zieht ein Bienenvolk hier ein?
Herr Karl: Bienen ziehen nicht selbstständig ein. Sehe ich im Mai oder Juni eine Schwarmtraube auf einem Baumast, fange ich diese mit einem Fass ein. Dabei besprühe ich den Schwarm mit Wasser. Das bewirkt, dass die Bienen eng an die Königin rücken und träger werden. Habe ich sie gefangen, schüttle ich das Volk mit der Königin in den Bienenkasten.
Reporter: Haben Sie keine Angst, dass sie gestochen werden?
Herr Karl: Bienen sind grundsätzlich friedlich. Eine Schutzbekleidung schützt vor Bienenstichen.
Reporter: Haben Bienen Feinde?
Herr Karl: Ja. Allesfresser, wie z. B. Wespen, aber auch Insekten fressende Vögel und Schädlinge, z. B. Milben.
Reporter: Was passiert dort in den ersten Wochen und worauf ist bei der Imkerei zu achten?
Herr Karl: Der Schwarm beginnt sofort Waben zu bauen. Er baut aber nur gut, wenn genügend Futter vorhanden ist. Daher füttere ich meine Bienen in den ersten Wochen und in den Wintermonaten teilweise mit Zuckerwasser. Im ersten Jahr wird noch kein Honig entnommen. Im zweiten Jahr hebe ich die Honigwaben aus den Kisten, schabe mit einem Messer den Wachsdeckel von den Waben ab und schleudere den Honig aus. Danach kann der naturbelassene Honig in Gläser abgefüllt und genossen werden.
Reporter: Herr Karl, eine spezielle Frage: Was würde passieren, wenn Bienen aussterben?
Herr Karl: Da Bienen wichtige Blütenbestäuber sind, würde der Obstertrag verringert werden.

103

Im Reich der Wirbellosen – Insekten

b) **Beschrifte die folgenden Bilder zur Arbeit in einer Imkerei mit den Begriffen aus der Box!**

| *Bienenkiste mit Flugloch | *Honigschleuder | *Imker mit Honigwaben |

*   *   *

c) **Was sagt dieses Imkersprichwort aus? Schreibe deine Erklärung auf!**

„Wenn Bienen den Stock mit Propolis verkitten, kommt bald ein harter Winter geritten."

d) **Warum gibt die Imkerin, der Imker in das Zuckerwasser zusätzlich Korkenscheiben?**

15 Bienenstich und Bienengift

a) **Recherchiere, warum Bienen sterben, wenn sie einen Menschen stechen, und warum sie überleben, wenn sie zur Verteidigung eine Wespe stechen!**

b) **Finde heraus, was passiert, wenn ein Mensch gegen das Bienengift allergisch reagiert! Welche Maßnahmen sind dann wichtig?**

Im Reich der Wirbellosen – Insekten

16 Der Ameisenbau

Die Abbildungen zeigen Ausschnitte eines Ameisenbaus. Beschrifte die Abbildungen!
Die Silben in der Box helfen dir dabei!

| *BY | *EI | *EIN | *ER | *GANG | *GIN | *KAM | *KÖ | *LA | *LAR |
| *MER | *NEN | *NEST | *NI | *PEN | *PUP | *RINTH | *VEN | | |

| Nestreinigung | Larven | Königinkammer |
| Puppen | Eiern | Labyrinth |

17 Das Leben in einem Ameisenbau

Schreibe zu folgenden Antworten passende Fragen!
Hilfe findest du in einem Biologiebuch, z. B. in Teil 1 auf Seite 35.

Antworten	Fragen
mit Zweigen und Nadeln	Mit was bauen sie den Hügel
an sonnigen Waldplätzen	Wo werden Ameisenhügel gebaut
er ist ein Labyrinth aus Kammern und Gängen	Was sind die Gänge
durch Verschließen und Öffnen der Baueingänge	Wie schützen sich A. vor Kälte
in Winterstarre	Was machen Ameisen im Winter
als Vorratskammer, Wohnraum und Brutstätte	Für was nutzen sie das Königskammer

Im Reich der Wirbellosen – Insekten

⑱ Der Ameisenstaat

W1 **Ordne die Wortgruppen aus der Box richtig zu!**

> * Entwicklung aus befruchtetem Ei * baut, repariert und verteidigt den Bau * kleinste Ameisenform
> * begattet die Königin beim Hochzeitsflug * hat in der Paarungszeit Flügel * flügellos
> * verliert Flügel nach der Paarung * unfruchtbares Weibchen * legt die Eier
> * stirbt nach der Paarung * pflegt die Brut

Königin	Männchen	Arbeiterin
legt die Eier	begattet die Königin im Hochzeitsflug verliert Flügel nach der Paarung stirbt nach Pa.	pflegt die Brut flügellos kleinste A.form

⑲ Verhaltensweisen der Ameisen

W3 **Erkläre diese Abbildungen mit eigenen Worten! Formuliere ganze Sätze!**

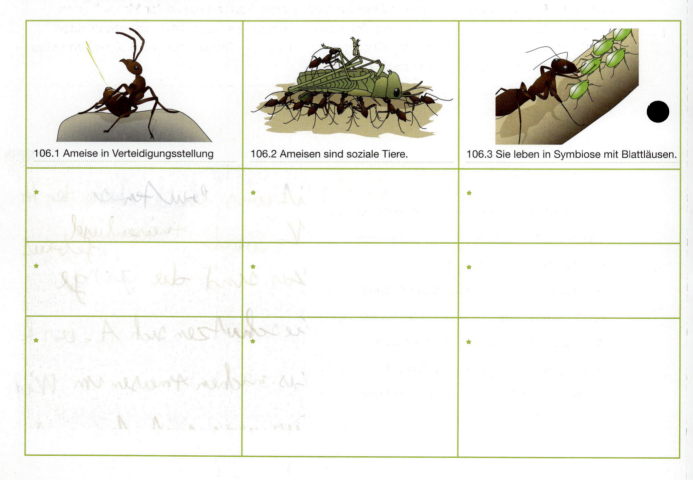

106.1 Ameise in Verteidigungsstellung
106.2 Ameisen sind soziale Tiere.
106.3 Sie leben in Symbiose mit Blattläusen.

Im Reich der Wirbellosen – Insekten

20 Kopfläusealarm!

a) Lies den Text sorgfältig und unterstreiche in jedem Absatz zwei bis vier Schlüsselwörter!

Kopfläuse treten häufig bei Kindern im Alter von drei bis vierzehn Jahren auf. Der Grund dafür liegt an der leichten Übertragung in Kindergärten und Schulen. Ein erstes Anzeichen für Kopfläuse ist eine juckende Kopfhaut.
Kopfläuse klettern von Mensch zu Mensch. Meist geschieht dies bei Tätigkeiten, bei denen Kinder die Köpfe zusammenstecken. Eine Übertragung kann auch erfolgen, wenn Kleidungsstücke, Handtücher, Haarbürsten oder Polster gemeinsam verwendet werden.
Zur Bekämpfung verwendet man spezielle Shampoos und Sprays aus der Apotheke. Die Anwendung muss über einen längeren Zeitraum erfolgen, damit man die Kopfläuse erfolgreich bekämpft. In den Haaren klebende Eier (= Nissen) können mit einem speziellen Kamm herausgekämmt werden. Es ist ratsam, Bürsten und Kämme, Bettzeug, Handtücher und Kleidung bei mindestens 60 °C zu waschen.
Übrigens: Ein Kopflausbefall ist kein Zeichen mangelnder Sauberkeit! Jeder Mensch kann Kopfläuse bekommen. Niemand muss sich dafür schämen. Es ist wichtig, dass man einen Befall mit Kopfläusen umgehend im Kindergarten oder in der Schule meldet. Nur so kann eine unkontrollierte Verbreitung verhindert werden!

b) Ordne nun die passenden Zwischenüberschriften aus der Box richtig zu!

Zwischenüberschriften

* Befall von Kopfläusen durch mangelnde Sauberkeit!
* Erfolgreiche Bekämpfung nur mit Spezialmitteln!
* Kopfläusebefall nur bei Kindern!
* Kopfläusebefall oft in Kindergärten und Schulen!
* Rasche Meldung über Befall verhindert Verbreitung!
* Übertragung durch „springende" Kopfläuse
* Übertragung nur von Mensch zu Mensch!
* Übertragung oft durch Kontakt mit Betroffenen

Im Reich der Wirbellosen – Insekten

21 Stubenfliege – Gemeine Stechmücke – Regenbremse

W1 Ergänze die folgenden Sätze mit den Begriffen aus der Box!

*Blut *Haftballen *Krankheitserreger *leckend- *Speichel *stechend-

Die Stubenfliege hat *_____ saugende Mundwerkzeuge. Mit ihrem *_____ verflüssigt sie feste Nahrung. Die *_____ an den Füßen ermöglichen ein Hochklettern auf glatten Flächen. Die Stechmücke und die Regenbremse haben *_____ saugende Mundwerkzeuge. Die Weibchen ernähren sich von *_____. Sie können *_____ übertragen.

22 Stubenfliegen vermehren sich rasch

W4 Nummeriere die zusammenpassenden Satzteile zur Stubenfliege. Trage die Buchstaben in der richtigen Reihenfolge unten ein, dann ergibt sich ein Lösungswort!

1	Stubenfliegen sind überall, wo	in Kothaufen etwa 100 Eier ab. **(F)**
2	Lebewesen, die dem Menschen folgen,	Larven, auch Maden genannt. **(L)**
3	Weibchen sind bereits am dritten	Menschen leben. **(W)**
4	Nach der Paarung legen sie z. B.	aber keinen Kopf und keine Beine. **(Ü)**
5	14–16 Std. nach der Eiablage schlüpfen	sich die Maden mehrmals. **(L)**
6	Die Maden haben eine weiche Haut,	nennt man Kulturfolger. **(E)**
7	Mit ihren Mundwerkzeugen können sie	sich die Tiere zum erwachsenen Tier. **(E)**
8	Bis zur Verpuppung häuten	Tag geschlechtsreif. **(I)**
9	Im etwa einwöchigen Puppenstadium entwickeln	21 Tage alt. **(R)**
10	Stubenfliegen werden durchschnittlich 7 bis	Nahrung aufnehmen. **(G)**

Stubenfliegen, Stechmücken und Regenbremsen sind Z_ _ _ _ _ _ _ _ _ _, die sich
    1 2 3 4 5 6 7 8 9 10
über Maden und Puppen zum vollständigen Insekt entwickeln (= vollkommene Verwandlung).

23 Andere einheimische und nicht einheimische „Blutsauger"

W3 FSK W2 Gestalte zu einer der folgenden Tierarten ein aussagekräftiges Plakat:
Menschenfloh, Bettwanze, Tsetsefliege, Anophelesmücke. Tipps dazu findest du auf dem Methodenblatt „Plakat gestalten" auf Seite 109!

METHODE

PLAKAT gestalten

Auf einem Plakat kannst du wichtige Informationen zu einem Thema zusammenfassen. Es dient dir als Hilfe bei einer Präsentation vor einer größeren Gruppe, z. B. deiner Klasse. Dabei ist es wichtig, dass du wesentliche Inhalte herausfilterst und dich auf die Kernaussagen beschränkst. Mit passenden Bildern, Fotos, Grafiken, Karten usw. kannst du zusätzlich zentrale Aussagen hervorheben. Dein Plakat kann als Arbeitsergebnis in der Schule ausgestellt werden.

1. Sammle Informationen und Bildmaterial zum Thema. Lege Themenbereiche fest!

2. Verwende für diese Themenbereiche unterschiedliche Kärtchen. Fasse Kernaussagen zusammen und schreibe sie gut leserlich auf!

3. Ordne deine Themenkärtchen und Bilder auf dem Plakat!

4. Notiere die Überschrift gut lesbar auf dem Plakat. Schreibe passende Zwischenüberschriften zu den Themenkärtchen!

5. Hast du eine passende Struktur gefunden, klebe alle Themenkärtchen und Bilder auf!

6. Bereite deinen Vortrag gut vor: Sprich den Text mehrmals langsam, verwende Stichwortzettel zur Unterstützung! Präsentiere dein Thema mithilfe des Plakats vor der Klasse!

Tipps zur Plakatgestaltung

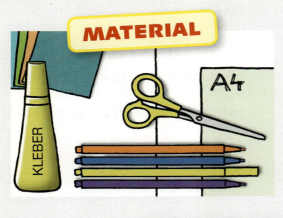

MATERIAL

TEXTE
- auf Themenkärtchen
- richtige Rechtschreibung
- kurz und knapp
- Schlüsselwörter bzw. Fachbegriffe verwenden

TIPPS ZUR PLAKATGESTALTUNG

GESTALTUNG
- FARBEN
- SCHRIFT → DRUCKBUCHSTABEN / GUT LESERLICH
  → SYMBOLE (Pfeile)
- HERVORHEBEN
  → UNTERSTREICHEN

VERANSCHAULICHUNG
- Fotos
- Zeichnungen
- Diagramme/Grafiken
- Karten

Im Reich der Wirbellosen – Insekten

24 Der Körperbau des Maikäfers

Beschrifte den Insektenkörper! Schreibe die richtigen Bezeichnungen zu den Nummern in die Tabelle!

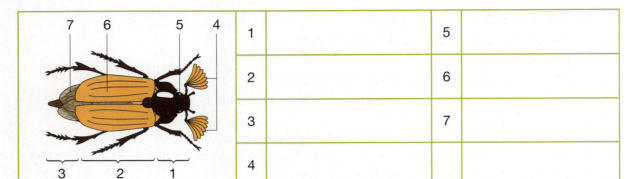

1		5	
2		6	
3		7	
4			

25 Ähnliche Merkmale, trotzdem andere Ordnung?

Vergleiche die drei Insekten in der Tabelle und notiere ihre Körpermerkmale!

STAMM	WIRBELLOSE TIERE		
KLASSE	INSEKTEN		
ORDNUNG	KÄFER	HAUTFLÜGLER	ZWEIFLÜGLER
ART	Maikäfer	Honigbiene	Stubenfliege
FLÜGEL			
MUNDWERK-ZEUGE			
BEINE			

26 Entwicklungsstadien eines Mehlkäfers

Führe ein Experiment durch, indem du die Entwicklungsstadien eines Mehlkäfers beobachtest.

Materialien: ein großes Gurkenglas (0,75 oder 1 Liter Fassungsvermögen); dickes Gummiband; Stoff zum Bedecken des Glases; etwa 30 Mehlwürmer aus der Tierhandlung; Vollkornmehl; Haferflocken und Trockenhefe als Futter; warmer Raum; Lupe; Fotoapparat

Durchführung: Fülle das Glas halbvoll mit Mehl, lege die Mehlwürmer hinein. Lege den Stoff über die Öffnung und befestige ihn mit dem Gummiband. Gib nach drei Tagen etwas Futter dazu. Schütte nach sieben Tagen den Inhalt des Glases auf ein Sieb und beobachte mit der Lupe, wie sich die Tiere entwickelt haben. Wiederhole diesen Vorgang wöchentlich. Fertige ein Protokoll über die einzelnen Entwicklungsstadien (von Larve zu Puppe, von Puppe zum fertig entwickelten Käfer) mit Notizen, schematischen Darstellungen, Zeichnungen oder Fotos an.

BEACHTE: Gehe mit den Tieren sorgfältig um! Frag nach dem Experiment in einer Tierhandlung, ob du sie dort abgeben kannst. Sie werden dort an Insektenfresser verfüttert.

Im Reich der Wirbellosen – Insekten

 Schmetterlingsprofi!

W1 **Finde die richtigen Begriffe und trage sie ein! Die Buchstaben in den farbig markierten Kästchen ergeben ein Lösungswort.**

1. Bedeckung der Schmetterlingsflügel
2. ausrollbarer Körperteil zum Saugen des Nektars
3. Körperteile mit Riechzellen
4. Pflanzenart, die Lebensraum und Nahrung für Raupen ist
5. Funktion der Färbung und Musterung der Flügel in Bezug auf Fressfeinde
6. Zustand während der Wintermonate
7. Zeit, in der sich die Raupe in einen Schmetterling umwandelt
8. Klimazone, in der Seidenspinnerraupen zur Seidengewinnung gezüchtet werden (2 Wörter)
9. andere Bezeichnung für Larve bei Schmetterlingen
10. gesponnene Puppenhülle aus Seide
11. Bezeichnung für tagaktive Schmetterlinge

Schreibe die farbig unterlegten Buchstaben in die Felder:
Schmetterlinge sind wichtig für die

Im Reich der Wirbellosen – Insekten

28 Schmetterlingspuzzle

W1 W3 **Lies die Schmetterlingsbeschreibungen aufmerksam durch! Schreibe die Nummer der dazugehörenden Schmetterlings- und Raupenbilder zum richtigen Foto!**

1	**Admiral (Edelfalter)** dunkelbraune Vorderflügel; in der Mitte ein orangerotes Band; mehrere weiße Flecken; Hinterflügel mit roter Binde am Flügelrand; tagaktiv; Flügelspannweite bis 65 mm **Raupe:** graue Färbung, seitliche cremefarbene Fleckreihe; Futterpflanze: Brennnessel		
2	**Birkenspanner (Spanner)** weiße Grundfärbung mit schwarz gesprenkelter Zeichnung; nachtaktiv; Flügelspannweite bis 55 mm **Raupe:** schlanker, grün bis brauner Körper, Kopf mit Einkerbungen, vereinzelt helle „Warzen"; Futterpflanzen: Birken, Eichen, Weide		
3	**Lindenschwärmer (Schwärmer)** grün-beige Grundfärbung; grünes Band in der Flügelmitte; dreiecksförmige Vorderflügel mit gewelltem Außenrand; nachtaktiv; Flügelspannweite bis 80 mm **Raupe:** blaugraue Grundfärbung; gelbe Schrägstreifen; blaues Horn (Analhorn); Futterpflanzen: Linden, Ulmen, Erlen		
4	**Großer Kohlweißling (Weißlinge)** weiße Flügel; Vorderflügel mit schwarzer Spitze; zwei schwarze Flecken bei Weibchen; tagaktiv; Flügelspannweite bis 65 mm **Raupe:** gelblich-grüne Grundfärbung; schwarze Flecken; weiße Behaarung; Futterpflanze: Kohlpflanzen		
5	**Trauermantel (Edelfalter)** dunkelbraun-violette Grundfärbung; leicht gezackter heller Flügelrand; blaue Flecken; tagaktiv; Flügelspannweite bis 75 mm **Raupe:** schwarze Grundfärbung mit weißen Punkten; rotorange Flecken, schwarze Dornen, weiße Behaarung; Futterpflanzen: Birken, Ulmen, Weiden		

W2 FSK **Schreibe eine Beschreibung eines Schmetterlings, der dir gefällt, in dein Heft! Skizziere das Tier und stelle deinen Lieblingsschmetterling der Klasse vor!**

Im Reich der Wirbellosen – Insekten

29) Bedeutung von Insekten – positive oder schädigende Wirkung?

a) Betrachte die Bilder und lies die Bildtexte über die ökologische Bedeutung von Insekten.
b) Schreibe die passenden Bildüberschriften darüber. Die Wörter in der Box helfen dir dabei.
c) Bewerte für dich die einzelnen Themenpunkte. Zeichne einen lachenden Smiley (☺) für eine positive Bedeutung, einen traurigen Smiley (☹) für eine schädigende Wirkung!
d) Besprecht die Ergebnisse in der Klasse und begründet eure Meinung!

> * Nahrung für andere Tiere   * Natürliche Schädlingbekämpfer   * Blütenbestäuber   * Schädlinge
> * Blutsauger   * Nutztiere   * Zersetzer von pflanzlichen und tierischen Substanzen

INSEKTEN UND IHRE ROLLE IM ÖKOSYSTEM

113.1 Holz fressende Borkenkäferlarven

113.2 Mistkäfer beim Kugelformen aus Kot von Pflanzenfressern für Nahrung

113.3 Regenbremse beim Blutsaugen

113.4 Siebenpunkt beim Fressen von Blattläusen

113.5 Züchtung von Seidenspinnerraupen

113.6 Wiedehopf mit Käferlarve

113.7 Zitronenfalter auf Blüte

Im Reich der Wirbellosen – Spinnentiere

① Was Spinnen unverwechselbar macht

Suche im Buchstabenfeld die Fachbegriffe zu diesem Kapitel (→, ↓)!

F	Ä	C	H	E	R	T	R	A	C	H	E	E	N
N	E	K	K	I	Ö	H	C	N	B	K	N	G	I
A	F	N	I	W	H	P	E	E	A	O	S	I	E
B	E	S	E	E	R	N	P	E	E	P	P	F	K
A	E	K	F	I	E	I	B	I	I	F	I	T	F
U	D	Ö	E	S	N	C	E	T	N	B	N	D	H
C	F	I	R	S	T	I	E	R	E	R	N	R	R
H	I	N	T	E	R	L	E	I	B	U	D	Ü	N
M	E	F	A	F	A	O	U	E	E	S	R	S	Ö
A	R	T	S	N	C	W	B	B	S	T	Ü	E	T
R	R	Ö	T	C	H	I	T	I	N	A	S	R	H
K	K	I	E	F	E	R	K	L	A	U	E	N	Ö
T	R	N	R	F	E	U	W	U	E	A	I	T	E
E	S	T	P	U	N	K	T	A	U	G	E	N	H

* Woraus besteht das Außenskelett bei Spinnentieren?
* In welche zwei Teile ist ihr Körper gegliedert? (2 Wörter)
* Wie bezeichnet man die Augen?
* Womit beißt eine Spinne ihre Beute?
* Wo wird das Gift produziert?
* Wie nennt man die Atmungsorgane? (2 Wörter)
* Wo befinden sich viele Sinneszellen?
* Wohin verlaufen die Nervenbahnen von den Sinnesorganen?
* Wo wird die Seidenflüssigkeit produziert?
* Woraus besteht die Seidenflüssigkeit hauptsächlich?

② Der Körperbau einer Kreuzspinne

Beschrifte die Abbildung! Hilfe findest du in einem Biologiebuch, z. B. in Teil 1, auf Seite 41!

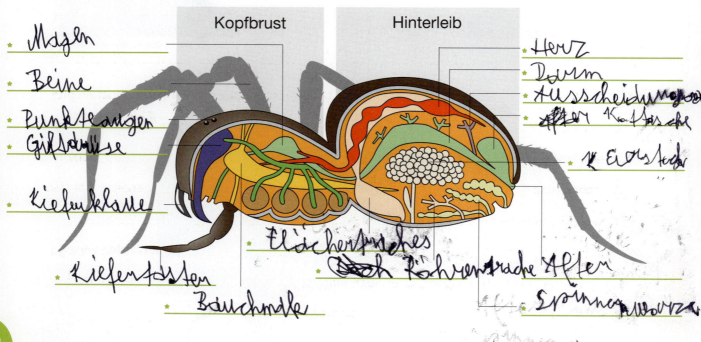

Kopfbrust — Hinterleib

* Magen
* Beine
* Punktaugen
* Giftdrüse
* Kieferklaue
* Kiefertaster
* Bauchmark

* Herz
* Darm
* Ausscheidung
* After Kotsäcke
* Eierstock
* Fächertrachee
* Röhrentrachee After
* Spinnwarze

Im Reich der Wirbellosen – Spinnentiere

③ Der „künstlerische" Netzbau der Gartenkreuzspinne

a) In diesem Radnetz fehlen: weitere Rahmenfäden, Speichenfäden, die Fangspirale und der Signalfaden. Vervollständige das Netz und beschrifte es anschließend! Du kannst die unterschiedlichen Spinnfäden auch mit verschiedenen Farben einzeichnen!

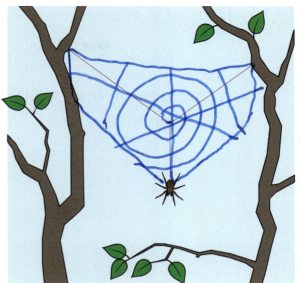

b) Erkläre die Aufgabe des Signalfadens!

Der Spinne mitzuteilen dass jemand am Netz ist

c) Beschreibe die Vorgehensweise der Spinne, wenn sich ein Beutetier im Netz verfängt!

Die vergiften sie dann wickeln sie sie um und fressen sie dann

④ Die Fortpflanzung der Gartenkreuzspinne

Ergänze die folgenden Sätze mit den Begriffen aus der Box!

| * Eihülle * Frühjahr * geschlechtsreif * häuten * Herbst * Kokon * Sommer * Spermien * Überwintern |

Im *_____ paaren sich Gartenkreuzspinnen. Das Spinnenmännchen gibt mithilfe der Kiefertaster *_____ in die Geschlechtsöffnung des Spinnenweibchens. Nach der Paarung stirbt das Männchen meist. Im *_____ spinnt das Weibchen eine *_____, auch *_____ genannt, um die befruchteten Eier. Dieser wird an geschützten Plätzen zum *_____ abgelegt. Das Weibchen stirbt kurz darauf. Im *_____ schlüpfen winzige Jungspinnen. Sie sind voll entwickelt, aber noch nicht *_____. Bis zur Geschlechtsreife *_____ sie sich mehrmals.

Im Reich der Wirbellosen – Spinnentiere

⑤ Der „Liebesflirt" der Gartenkreuzspinne

Schreibe die Schlangensätze richtig in dein Heft! Achte auf die Groß- und Kleinschreibung!

> BEIDENGARTENKREUZSPINNENISTDASMÄNNCHENKLEINERALSDASWEIBCHEN.DASMÄNNCHENFINDETEINNETZEINESWEIBCHENSAMGERUCHDESNETZES.ESZUPFTANDENSPEICHENFÄDEN,UMDEMWEIBCHENMITZUTEILEN,DASSESKEINBEUTETIERIST.DASMÄNNCHENISTSTETSZURFLUCHTBEREIT,FALLSSICHDASWEIBCHENSCHNELLAUFIHNZUBEWEGT.ISTDASWEIBCHENPAARUNGSBEREIT,ZUPFTESEBENFALLSAMNETZ.KEHRTDASWEIBCHENDEMMÄNNCHENDIEBAUCHSEITEZU,SPRINGTDASMÄNNCHENAUFDASWEIBCHENUNDÜBERGIBTDIESPERMIEN.BALZUNDPAARUNGWIEDERHOLENSICHMEHRMALS.

⑥ Andere Spinnentiere: Weberknechte, Skorpione und Milben

Ordne die Wortgruppen aus der Box richtig zu!

> * bei manchen Arten Gift tödlich * Beinabwurf zur Abschreckung * besiedeln vielfältige Lebensräume
> * Giftdrüse * keine äußere Körpergliederung * manche Arten sind mikroskopisch klein
> * manche Arten haben sehr lange Beine * manche Arten sind Parasiten * schwanzartiger Hinterleib
> * Stinkdrüse * zu Scheren umgebildete Kiefertaster

WEBERKNECHTE	SKORPIONE	MILBEN

⑦ Milben und ihre Lebensräume

Nenne unterschiedliche Lebensräume, die Milbenarten besiedeln!

Im Reich der Wirbellosen – Spinnentiere

8) Zecken-Know-how

a) Kreuze die richtigen Aussagen an!

Zecken ernähren sich von …
- ○ Pflanzensaft.
- ○ Blut.
- ○ Nektar.

Zecken finden einen Wirt …
- ○ mithilfe ihres ausgezeichneten Sehsinns.
- ○ durch Körperkontakt.
- ○ aufgrund der Körpertemperatur und des Geruchs des Wirtes.

Zecken haben …
- ○ leckende Mundwerkzeuge.
- ○ beißend-saugende Mundwerkzeuge.
- ○ kauende Mundwerkzeuge.

Der Speichel einer Zecke …
- ○ verursacht Juckreiz.
- ○ macht die Einstichstelle unempfindlich.
- ○ wirkt als Gleitmittel beim Einstich.

b) Zecken können zwei gefährliche Arten an Krankheitserregern auf den Menschen übertragen! Benenne die Krankheiten, beschreibe sie kurz und nenne die Vorbeugungsmaßnahmen oder Behandlungsmethoden!

Krankheit	Beschreibung	Maßnahmen

c) Lies auf Seite 118 die Methodenseite „Arbeit mit Diagrammen" aufmerksam durch. Das Kurvendiagramm C) zeigt die Entwicklung der FSME-Erkrankungsfälle in Österreich. Besprecht gemeinsam das Diagramm!

METHODE

Mit DIAGRAMMEN arbeiten

Du findest Diagramme in vielen Bereichen des Lebens – zum Beispiel in Zeitungen, im Internet, im Fernsehen, in Schulbüchern. Diagramme stellen Daten aus Umfragen, Messungen und Vergleichen bildlich dar.

A) Kreisdiagramme – Teile vom Ganzen

Ein Kreisdiagramm zeigt die einzelnen Anteile einer gesamten Menge. Je größer ein Sektor (Kreisteil) ist, desto höher ist der Anteil.

Arbeitsaufgabe A)
Es sind etwa 58 000 Wirbeltiere auf der Erde bekannt. Zu den Säugetieren gehören etwa 5 400 Arten, das sind rund 9 %. Schätze die Anzahl bzw. die Anteile der Tierarten der anderen Wirbeltierklassen!
Schreibe deine Schätzungen auf!

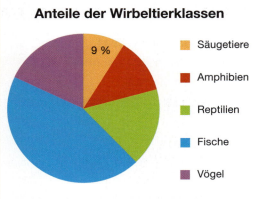

118.1 Kreisdiagramm: Anteile der Wirbeltierklassen an der gesamten Wirbeltieranzahl der Erde

B) Säulen- oder Balkendiagramm – Vergleiche ziehen

Mit einem Säulen- oder Balkendiagramm lassen sich Daten und Mengen besonders anschaulich vergleichen. Je größer eine Säule bzw. je länger ein Balken ist, desto höher ist der Wert.

Arbeitsaufgabe B)
Vergleiche die Waldarten Österreichs mit jenen der Schweiz! Formuliere dazu drei unterschiedliche Sätze und schreibe sie in dein Heft!

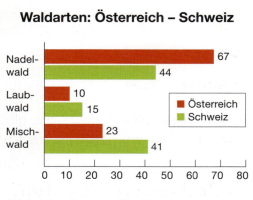

118.2 Balkendiagramm: Vergleich des Waldartenvorkommens Österreich mit Schweiz

C) Kurvendiagramm – Entwicklung veranschaulichen

Ein Kurvendiagramm zeigt die Veränderung oder die Entwicklung eines Wertes während eines bestimmten Zeitraumes. Je steiler die Kurve nach oben führt, desto höher ist der Wertanstieg. Je steiler sie nach unten zeigt, desto höher der Wertabfall.

Arbeitsaufgabe C)
1. Die Erkrankungsrate an FSME hat sich in Österreich stark vermindert. Um wie viele Fälle verringerte sie sich im Zeitraum von 1980 bis 2010?
2. Vergleiche den Verlauf der Erkrankungsfälle mit dem Verlauf der Impfungen! Was kannst du daraus schließen? Diskutiert in der Klasse!

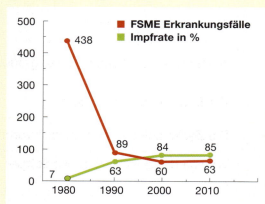

118.3 Kurvendiagramm: FSME Erkrankungsfälle und Impfungsrate von 1980–2010

Im Reich der Wirbellosen – Spinnentiere

9 Eine Borrelioseerkrankung kann verschiedene Körperteile betreffen

T1 S. 45

Im Jahr 2006 wurde eine Befragung mit österreichischen Ärztinnen und Ärzten zur Borreliose durchgeführt. Dabei wurden Aussagen von 1087 Erkrankten der Lyme-Borreliose aufgezeichnet. Die Antworten auf die Frage nach den betroffenen Organen der Patientinnen und Patienten sind im folgenden Kreisdiagramm dargestellt:

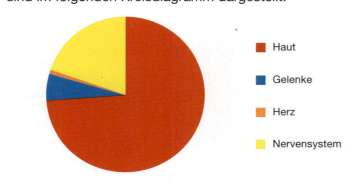

- Haut
- Gelenke
- Herz
- Nervensystem

119.1 Kreisdiagramm: Anteile der verschiedenen betroffenen Organe bei 1087 befragten Patientinnen und Patienten

E4 Schätze die Anzahl der Personen, bei denen folgende Organe betroffen waren:

	Haut	Gelenke	Herz	Nervensystem	Summe
Schätzung Anzahl Erkrankte					
Schätzung in Prozent					

Hinweis: Deine Lehrerin, dein Lehrer gibt dir Auskunft über die tatsächliche Anzahl der Erkrankungsarten und deren prozentuellen Anteil.

10 Zeckenbiss – was tun?

T1 S. 45

W4 Nummeriere die zusammenpassenden Satzteile. Trage die Buchstaben in der richtigen Reihenfolge unten ein, dann ergibt sich ein Lösungswort!

1	Ein Zeckenbiss tut nicht weh und wird	die Gefahr einer Borrelioseansteckung. **(M)**
2	Die Zecke sollte schnell	deshalb oft nicht gleich bemerkt. **(N)**
3	Je länger sie Blut saugt, desto größer ist	an den Mundwerkzeugen gepackt werden. **(H)**
4	Zur Entfernung eignen sich	entfernt werden. **(Y)**
5	Die Zecke sollte möglichst weit vorne	spezielle Pinzetten aus der Apotheke. **(P)**
6	Wichtig dabei ist, den Zeckenkörper nicht	ganz gerade herausziehen. **(N)**
7	Man sollte die Zecke	zu zerquetschen. **(E)**

Aus den Zeckenlarven entwickeln sich _____. Erfahre mehr dazu auf der nächsten Seite!

                      1 2 3 4 5 6 7

Im Reich der Wirbellosen – Spinnentiere

⑪ Die Entwicklungsstadien einer Zecke

Lies den Informationstext und vervollständige anschließend die Skizze mit den grün gedruckten Begriffen des Textes!

Zecken machen drei Phasen der Entwicklung durch. In jedem Stadium brauchen sie Blut. Ein vollgesogenes, erwachsenes Zeckenweibchen legt rund 3 000 Eier ab.

Larvenstadium

Aus den Eiern schlüpfen kleine Larven. Sie sind weniger als einen halben Millimeter groß (< 0,5 mm). Larven haben nur sechs Beine. Als Wirt dienen meist kleine Säugetiere (z. B. Mäuse), aber auch der Mensch. Nach der ersten Blutmahlzeit findet die 1. Häutung statt. In einer mehrwöchigen Reifephase wird die Larve zur sogenannten Nymphe.

Nymphenstadium

Nymphen sind etwa zweimal so groß wie Larven und haben bereits acht Beine. Sie suchen sich wieder einen Wirt (z. B. Katze, Mensch) zum Blutsaugen. Danach folgt die 2. Häutung: Die Nymphe entwickelt sich zur geschlechtsreifen und ausgewachsenen Zecke.

Erwachsene Zecke

Eine erwachsene Zecke ist etwa zwei bis vier Millimeter groß. Ab diesem Stadium kann man männliche und weibliche Zecken unterscheiden und es kommt zur Paarung. Die Männchen sterben danach. Das Weibchen benötigt wieder das Blut eines Wirtes (z. B. Mensch, Reh) zur Bildung der Eier. Ein mit Blut vollgesogenes Weibchen kann mehr als das 200-Fache ihrer Körpermasse wiegen.

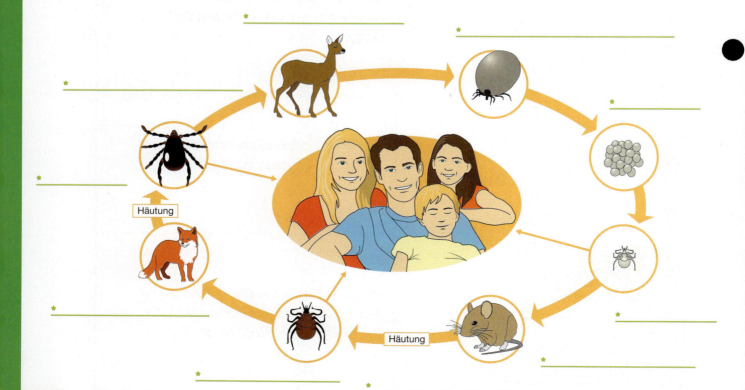

Im Reich der Wirbellosen – Weichtiere

① Interessantes über den Jahreszyklus der Weinbergschnecke

Verbinde mit Linien die Abbildungen mit den richtigen Texten!

Zwischen Mai und Juni ist Paarungszeit. Dabei richten sich zwei Weinbergschnecken auf und pressen sich Fuß an Fuß aneinander. Es werden Spermien ausgetauscht.

Im Herbst vergraben sich Weinbergschnecken etwa 30 cm tief in lockeres Erdreich. Sie verschließen ihre Gehäuse mit einem Kalkdeckel. Sie überwintern in Winterstarre.

Einige Wochen darauf schlüpfen fast durchsichtige Jungtiere, die schon ein Gehäuse haben. Die jungen Weinbergschnecken verlassen die Erdgrube.

Im Frühjahr drücken sie den Kalkdeckel heraus und kriechen ins Freie.

Etwa vier Wochen später graben sie mit ihrem Fuß eine etwa 15 cm tiefe Grube. Dort hinein legen sie 60 bis 80 Eier.

Im Reich der Wirbellosen – Weichtiere

② Die Weinbergschnecke

T1 S. 46 ①

W1 Welche Aussagen sind richtig, welche falsch? Kreuze an! Stelle die falschen Aussagen richtig und schreibe sie in dein Heft!

	richtig	falsch
Weinbergschnecken gleiten mit ihrem muskulösen Fuß auf einer Schleimspur.	○	○
Das längere Fühlerpaar hat Giftklauen.	○	○
Die kürzeren Fühler sind Riech- und Tastorgan.	○	○
Weinbergschnecken sind Nacktschnecken, da sie kein Kalkgehäuse haben.	○	○
Die inneren Organe liegen geschützt in einem Eingeweidesack.	○	○
Bei Weinbergschnecken fließt das Blut in Blutgefäßen.	○	○
Sie haben eine Reibzunge, mit der sie Pflanzenteile abschaben.	○	○
Weinbergschnecken sind Zwitter, die sich selbst begatten.	○	○

③ Spannende Experimente in der Klasse

E3 E4 1. Die Lichtreaktion von Schnecken!

Material: Schnecke, Glasschale, schwarzes Papier
Durchführung: Setze die Schnecke in die Mitte der Glasschale. Kriecht sie zum Glasrand, stelle außen einen schwarzen Papierstreifen auf.
Arbeitsauftrag: Beobachte die Reaktion der Schnecke und begründe Ihr Verhalten.

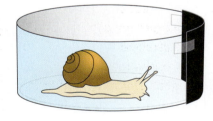

E3 E4 2. Weinbergschnecken und Senf? Dich erwartet eine eindrucksvolle Reaktion!

Material: Weinbergschnecke, Glasgefäß, Senf, Watte- oder Holzstäbchen
Durchführung: Setze die Schnecke in das Glasgefäß. Bestreiche die Spitze des Stäbchens mit Senf. Nähere dich mit dem Stäbchen vorsichtig den Fühlern, der Fußoberseite und der Kriechsohle. Beachte, dass du die Schnecke nicht berührst!
Arbeitsauftrag: Beobachte die Reaktion der Weinbergschnecke und begründe ihr Verhalten.

BEACHTE: Gehe mit dem Tier sorgfältig um und bringe es nach dem Versuch wieder an jenen Ort zurück, wo du es gefunden hast!

④ Die Teichmuschel

T1 S. 47 ②

W1 W3 Erstelle in deinem Heft eine Tabelle mit folgenden Spaltenüberschriften! Trage stichwortartig Fakten zur Teichmuschel ein und vergleiche dann mit einer Partnerin, einem Partner!

Lebensraum	Körperkennzeichen	Nahrung	Fortpflanzung	Lebensweise

Im Reich der Wirbellosen – Übersicht

1 Die Systematik der Wirbellosen

a) Ordne den richtigen Tierstämmen die Tierarten aus der Box zu!

> *Gemeiner Seestern   *Großer Vasenschwamm   *Hausspinne   *Kompostwurm   *Rote Wegschnecke

1. Schwämme	2. Ringelwürmer	3. Stachelhäuter
*	*	*
4. Weichtiere	**5. Gliederfüßer**	
*	*	

b) Lies die Kurzbeschreibungen der wirbellosen Tiere! Jede Beschreibung passt zu einem der fünf Stämme in Aufgabe a). Finde den passenden Stamm und trage den Lösungsbuchstaben in die Tabelle ein! Ist deine Zuordnung richtig, erhältst du ein Lösungswort!

KURZBESCHREIBUNGEN: KENNZEICHEN FÜNF WIRBELLOSER TIERE

• Meerestier • Körper mit einem Kalkskelett • Organe meist strahlenförmig angeordnet	• sehr einfach gebauter Vielzeller • keine inneren Organe • Wassertier • Nahrungsaufnahme über Poren	• Wasser- oder Landtiere • weicher Körper (teilweise mit Kalkschale als Schutz) • innere Organe
Ⓣ	Ⓢ	Ⓣ
• Körpergliederung mit vielen Abschnitten (Segmenten) • geringeltes Aussehen • innere Organe • Lebensraum in feuchter Erde oder Wasser	• Außenskelett (Chitinpanzer) • gegliederte Beine • innere Organe • gut entwickelte Sinnesorgane	
Ⓢ	Ⓜ	

	1.	2.	3.	4.	5.
Lösungswort		Y			

METHODE

MIKROSKOPIEREN

Mit freiem Auge sind nur jene Gegenstände für uns sichtbar, die mehr als 0,1 mm groß sind. Ein Lichtmikroskop eröffnet dir den Einblick in eine „unsichtbare Lebensumwelt". Betrachte die Abbildung eines Mikroskops! Folgende Beschreibungen der Teile und des Zubehörs helfen dir beim Mikroskopieren:

Fachbegriffe rund um das Mikroskop

- **Stativ:** Befestigungsgerüst
- **Objekttisch:** Tisch für Objekt/Präparat
- **Linse:** gewölbtes, Licht brechendes Element
- **Blende:** Öffnung für den Lichteinfall
- **Okular:** Linsensystem (dem Auge zugewandt)
- **Grob-/Feintrieb:** Drehrad zum groben bzw. feinen Scharfstellen
- **Tubus:** Sehrohr

- **Objekt:** Präparat, Gegenstand der Untersuchung
- **Objektträger:** Glasplatte für das Objekt
- **3 Objektive:** Linsen mit 3 Vergrößerungsstufen (dem Objekt zugewandt; z. B. 10 x = 10-fache Vergrößerung)
- **Deckglas:** feines Glasplättchen
- **Objektivrevolver:** drehbare Scheibe

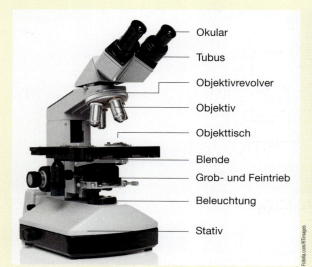

124.1 Lichtmikroskop

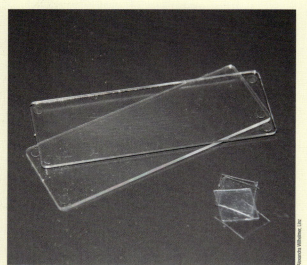

124.2 Objektträger und Deckgläser

Die 12 Schritte zum erfolgreichen Mikroskopieren!

1.	Schalte die Mikroskoplampe ein!	7.	Das Deckglas darf das Objektiv nicht berühren!
2.	Drehe den Grobtrieb so, dass der Objekttisch nach unten bewegt wird!	8.	Schaue durch das Okular! Drehe am Grobtrieb, bis du ein Bild erkennen kannst!
3.	Lege den Objektträger mit dem Objekt (= Präparat) auf den Objekttisch, sodass das Objekt unter dem Okular liegt!	9.	Stelle mit dem Feintrieb scharf!
4.	Befestige ihn mit den Objektklammern!	10.	Willst du die Vergrößerung ändern, drehe am Objektrevolver und stelle scharf!
5.	Stelle mithilfe des Objektrevolvers die kleinste Vergrößerung ein!	11.	Verwende am Ende wieder die kleinste Vergrößerung und entferne den Objektträger!
6.	Drehe mit dem Grobtrieb den Objekttisch knapp unter das Objektiv!	12.	Schalte die Lampe aus und gib die Schutzhülle über das Mikroskop!

Die Zelle – eine neue Welt im Mikroskop entdecken

① Wie ist ein Mikroskop aufgebaut?

Beschrifte die Abbildung mit den Begriffen aus der Box!

> *Beleuchtung *Blende *Feintrieb *Grobtrieb *Objektiv
> *Objekttisch *Okular *Stativ

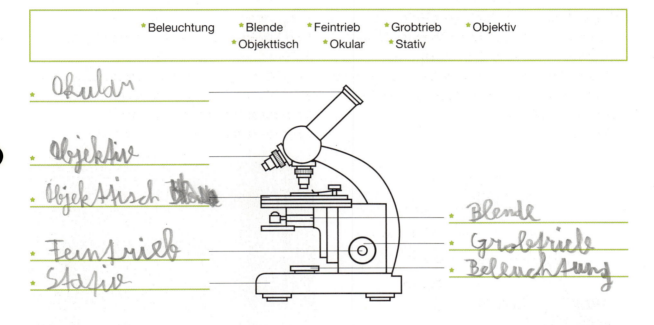

- *Okular*
- *Objektiv*
- *Objekttisch*
- *Feintrieb*
- *Stativ*
- *Blende*
- *Grobtrieb*
- *Beleuchtung*

② Wie verwendest du ein Mikroskop?

Ergänze die folgenden Sätze mit den Begriffen aus der Box!

> Mikroskope sind empfindliche Geräte. Trage sie immer vorsichtig und lass dir von deiner Lehrerin, deinem Lehrer zeigen, wie du sie einschaltest!

> *Beleuchtung *Feintrieb *Grobtrieb *Objektiv *Objekttisch *Okular

Sobald du das Mikroskop eingeschaltet hast, sollte die *Beleuchtung* leuchten.

Klemme nun das, was du beobachten möchtest, auf einer kleinen Glasplatte, dem Objektträger, unter die Klammern am *Objekttisch*. Schau mit einem Auge durch das *Okular*, das zweite Auge sollte ebenfalls geöffnet bleiben. Wähle zunächst das kleinste *Objektiv* aus. Meist hast du drei Objektive zur Auswahl.

Die längeren Objektive ermöglichen dir eine stärkere Vergrößerung. Mit dem *Feintrieb* und dem *Grobtrieb* kannst du das Bild scharf stellen.

Die Zelle – eine neue Welt im Mikroskop entdecken

③ Was du zum Mikroskopieren brauchst

W1 Folge den verschlungenen Linien von den Bildern zu den Ziffern! Schreibe dann die richtigen Bezeichnungen zu den Nummern in die Tabelle!

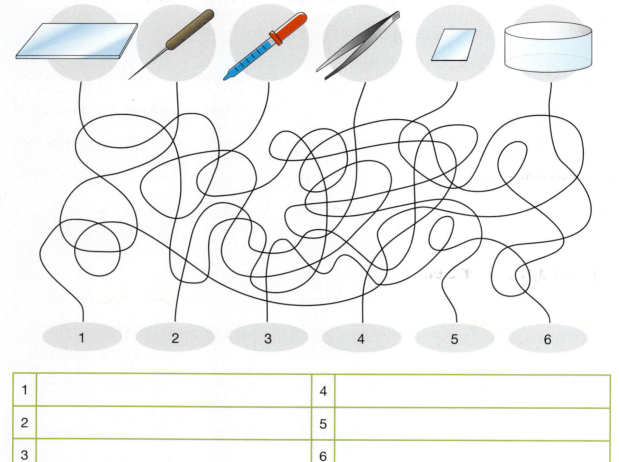

1		4	
2		5	
3		6	

④ Wie mikroskopierst du richtig?

W1 Schreibe die Schlangensätze richtig in dein Heft! Achte auf die Groß- und Kleinschreibung!

NIMMMITDERPIPETTEETWASWASSERAUSDERWASSERSCHALE.GIBVORSICHTIGEINEN TROPFENWASSERAUFDENOBJEKTTRÄGER.DERTROPFENDARFNICHTZUGROSSSEIN. LEGEDAS,WASDUBEOBACHTENMÖCHTEST,MITDERPINZETTEODERDERNADELINDEN WASSERTROPFEN.ZIEHEEINDECKGLASVONDERSEITEANDENTROPFENHERAN,BISEINE KANTEIHNBERÜHRT.DANNLÄSSTDUDASDECKGLASLANGSAMAUFDENWASSERTROP FENSINKEN.ESSOLLENSICHKEINELUFTBLÄSCHENBILDEN.ÜBERFLÜSSIGESWASSER KANNSTDUMITLÖSCHPAPIERWEGSAUGEN.KLEMMEDENOBJEKTTRÄGERUNTERDIE KLAMMERNAUFDENOBJEKTTISCHDESMIKROSKOPS.WÄHLEDASKLEINSTEOBJEKTIV. SCHAUMITEINEMAUGEDURCHDASOKULAR.DREHEDENGROBTRIEBUNDDENFEINTRIE B,UMDASBILDSCHARFZUSTELLEN.

Die Zelle – eine neue Welt im Mikroskop entdecken

5 Die Zelle

W1 Ergänze die folgenden Sätze mit den Begriffen aus der Box!

> * Einzeller * Hooke * Mikroskop * Vielzeller * Zelle

Ein Gerät, mit dem man kleine Dinge stark vergrößert darstellen kann, nennt man *Mikroskop*. Der Grundbaustein aller Lebewesen ist die *Zelle*. Alle *Einzeller* bestehen aus nur einer Zelle. Lebewesen, die aus mehreren Zellen bestehen, nennt man *Vielzeller*. Der Entdecker der Zellen heißt Robert *Hooke*. Er war ein Gelehrter, der im 17. Jahrhundert in England lebte und nicht nur wegen seiner Erfolge beim Mikroskopieren bekannt war.

6 Bauplan der Zelle

W3 a) Schreibe die richtigen Bezeichnungen der Bausteine von tierischen und pflanzlichen Zellen zu den Nummern in die Tabelle!

W3 b) Welche Bestandteile haben beide Zellarten gemeinsam?
Zellmembran, Zellplasma, Zellkern

W3 c) Welche Bestandteile kommen nur in pflanzlichen Zellen vor?
Zellwand, Vakuole, Chloroplasten

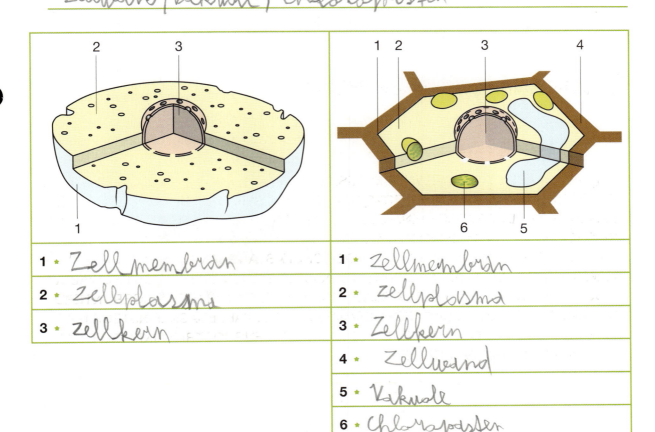

1 * Zellmembran	1 * Zellmembran
2 * Zellplasma	2 * Zellplasma
3 * Zellkern	3 * Zellkern
	4 * Zellwand
	5 * Vakuole
	6 * Chloroplasten

Die Zelle – eine neue Welt im Mikroskop entdecken

d) Vergleiche den Aufbau einer Zelle mit dem Aufbau eines Flugzeugs! Überlege, welche Bauteile des Flugzeugs den Bauteilen der Zelle entsprechen könnten und welche Funktionen sie jeweils übernehmen!

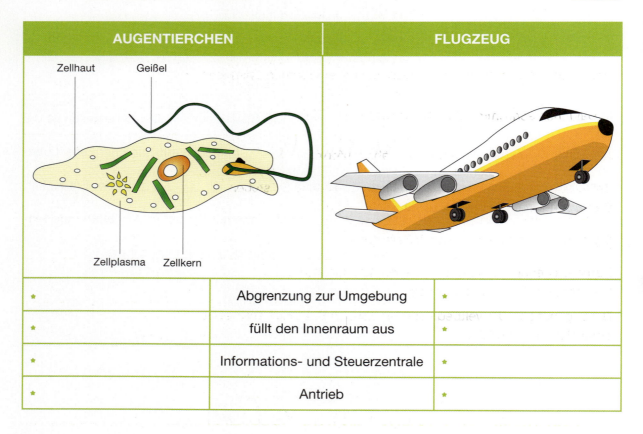

AUGENTIERCHEN		FLUGZEUG
*	Abgrenzung zur Umgebung	*
*	füllt den Innenraum aus	*
*	Informations- und Steuerzentrale	*
*	Antrieb	*

e) Verbinde mit Linien die Bestandteile der pflanzlichen Zelle mit ihren wichtigsten Funktionen! Trage den Buchstaben, der hinter der Funktion steht, vor dem dazu passenden Zellbestandteil ein! Welches Wort ergibt sich?

Lösung	Zellbestandteile	Funktion / Eigenschaft
W	Der Zellkern	ist eine helle, zähflüssige Masse und füllt das Innere der Zelle aus. **(A)**
A	Das Zellplasma	enthält Zellsaft und sorgt bei praller Füllung für zusätzliche Festigkeit. **(S)**
S	Die Zellmembran	steuert und regelt die Lebensvorgänge der Zelle. **(W)**
S	Die Vakuole	umgibt zusätzlich zur Zellmembran die pflanzliche Zelle und sorgt für Stabilität. **(R)**
E	Das Chlorophyll	ist eine dünne Haut, die die Zelle von ihrer Umgebung abgrenzt. **(S)**
R	Die Zellwand	ist der grüne Blattfarbstoff. **(E)**

Was kannst du über den Entdecker der Zellen und über den Entdecker der Bakterien herausfinden? Schreibe deine Erkenntnisse in eine Tabelle in dein Heft! Hilfe findest du in deinem Biologiebuch und im Internet!

Die Zelle – eine neue Welt im Mikroskop entdecken

7 Bakterien – vielseitige Mitbewohner

T1 S. 51–52 ③

a) Welche Aussagen sind richtig, welche falsch? Kreuze an! Stelle die falschen Aussagen richtig und schreibe sie in dein Heft!

	richtig	falsch
Bakterien können nur in einigen wenigen Lebensräumen überleben.		X
In Bakterien schwimmt die Erbsubstanz frei im Zellplasma.	X	
Alle Bakterien haben die typische Stäbchenform.		X
Zellteilung bedeutet, dass aus einer Zelle zwei neue entstehen. Dabei stirbt die ursprüngliche Zelle nicht.	X	
Bakterien vermehren sich durch Zellteilung.	X	
Damit Bakterien sich rasch vermehren können, sollte die Umgebung trocken und kühl sein.	X	
Bei ungünstigen Umweltbedingungen können Bakterien sehr lange ohne Nahrung überleben.	X	

b) Ordne die Wortgruppen aus der Box in der Tabelle richtig zu!

* helfen bei der Verdauung   * verursachen eitrige Infektionen
* zersetzen Laub und abgestorbene Pflanzenteile   * können Öl zersetzen   * verursachen Karies
* dienen bei der Erzeugung von Joghurt und Sauerrahm (Milchsäurebakterien)   * leben auf unserer Haut
* können Entzündungen von Organen verursachen   * können Insulin herstellen

Erwünschte Bakterien	Unerwünschte Bakterien

129

Die Zelle – eine neue Welt im Mikroskop entdecken

8 Tierische Einzeller – bizarre Lebewesen in einem Wassertropfen

a) Führe den Versuch durch und beantworte danach die darunter stehenden Fragen!

Materialien:
- Heu
- Teichwasser, Regenwasser oder Leitungswasser
- Großes, sauberes Gurkenglas (ca. ½ l)
- Mikroskop
- Objektträger
- Deckglas
- Pipette
- Bestimmungsbuch

Setze einen Heuaufguss an. Dazu gibst du eine Handvoll Heu in das Glas und übergießt es mit dem Wasser (Teichwasser ist am geeignetsten). Das Glas lässt du bei Zimmertemperatur an einem hellen Ort stehen. Schon nach wenigen Tagen kannst du die ersten Wasserproben mit einer Pipette entnehmen. Untersuche mit dem Mikroskop, welche Lebewesen du entdecken kannst. Entnimm die Wasserproben an verschiedenen Stellen im Glas, z. B. an der Oberfläche, knapp unter der Oberfläche, möglichst tief unten. Wiederhole den Versuch mehrmals.

1. Was passiert bis zwei Tage nach dem Aufstellen des Heuaufgusses?

2. Welche Einzeller treten nach zwei bis drei Tagen auf?

3. Verändert sich die Vielfalt der Lebewesen im Lauf der Wochen?

Nach spätestens 4 Wochen solltest du den Heuaufguss wegschütten, da er schlecht riechen wird.

b) Auf den folgenden Fotos sind Einzeller abgebildet. Beschrifte die Abbildungen! Die Silben in der Box helfen dir dabei!

| *A *AU *BE *CHEN *CHEN *CKEN *GEN *GLO *MÖ *TIER *TIER |

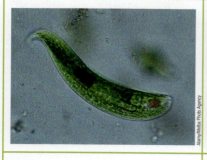  

Die Zelle – eine neue Welt im Mikroskop entdecken

⑨ Die Vielfalt der Algen

W1 a) Kreuze die richtigen Aussagen an! Mehrere Antworten sind möglich.

Algen kommen in der Natur vor als …
- ○ Einzeller.
- ○ Vielzeller.
- ○ Einzeller oder Vielzeller.

Wie nennt man im Wasser umherschwebende winzig kleine Lebewesen?
- ○ Volvox
- ○ Plankton
- ○ Fische

Wo können Algen leben?
- ○ in Salzwasser
- ○ in feuchter Erde
- ○ am Körper von Tieren und Menschen

Die Kugelalge Volvox besteht aus …
- ○ einer Zelle.
- ○ zwei Zellen.
- ○ mehreren tausend Zellen.

Die Zellen der Kugelalge Volvox …
- ○ erfüllen alle die gleichen Aufgaben.
- ○ haben verschiedene Aufgaben (Arbeitsteilung).
- ○ haben gar keine Aufgabe.

W1 W2 b) Erkläre, wie sich die Kugelalge Volvox fortpflanzt! Recherchiere im Internet oder in einem Biologiebuch, z. B. in Teil 1 auf Seite 52! Schreibe deine Erklärung unter das passende Bild!

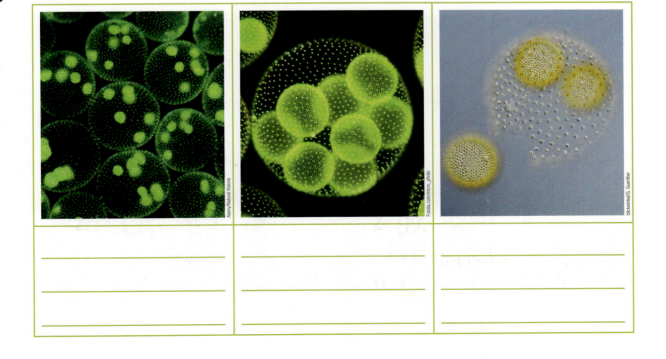

Lebensraum Gewässer

1 Der Kreislauf des Wassers

W3 Beschrifte die Abbildung mit den Begriffen aus der Box!

* Bach/Fluss * Grundwasser * Meer * Niederschlag * See * Verdunstung * Wind * Wolken

2 Beschreibe den Wasserkreislauf

W1 Ergänze die folgenden Sätze mit den Begriffen aus der Box!

* Boden * Mineralstoffe * Regen * Sonne * verdunstet * Wolken

Die *_____ erwärmt die Wasseroberfläche. Wasser

*_____, steigt auf und kühlt dabei ab. Wasserdampf bildet

*_____. *_____ fällt auf die Erde. Das Regenwasser

sickert in den *_____. Auf dem Weg durch den Boden nimmt das Wasser

*_____ auf. Durch verschiedene Fließgewässer oder das Grundwasser

gelangt das Wasser zurück ins Meer.

③ Ein Wasserexperiment

Führe den Versuch durch und beantworte danach die darunter stehenden Fragen!

Materialien:
* große Glasschüssel
* Wasserglas
* Wasser
* Salz
* Frischhaltefolie
* Eiswürfel
* Esslöffel zum Umrühren
* Wasserkocher

Erhitze mit dem Wasserkocher 2–3 l Wasser. Gieße das Wasser in die Glasschüssel. Gib einige Esslöffel Salz ins Wasser und rühre um. Stelle das Wasserglas in die Mitte der Schüssel. Achte darauf, dass kein Salzwasser ins Glas schwappt. Decke dann die Glasschüssel mit der Frischhaltefolie ab. In die Mitte der Frischhaltefolie legst du einige Eiswürfel. Durch das Gewicht der Eiswürfel hängt die Folie leicht durch. Nun warte und beobachte!

1. Welchen natürlichen Vorgang soll der Versuch darstellen?

2. Beschreibe mit eigenen Worten, was du beobachten kannst!

Nach einiger Zeit sollte etwas Wasser in das Wasserglas getropft sein. Koste das Wasser!

3. Was schmeckst du?

4. Warum ist das so?

④ Fragen zum Wasserexperiment

Welche Aussagen sind richtig, welche falsch? Kreuze an! Stelle die falschen Aussagen richtig und schreibe sie in dein Heft!

	richtig	falsch
Das Salzen des Wassers hat den Vorgang beschleunigt.	○	○
Die Eiswürfel braucht man nicht unbedingt, aber sie beschleunigen den Vorgang.	○	○
Das Wasser, das ins Glas getropft ist, war immer noch salzig.	○	○
Das Wasser im Glas war nicht mehr salzig.	○	○

Lebensraum Gewässer

5 Erstelle einen Flusssteckbrief!

W3 FSK Erinnere dich an die Methode „Steckbrief", die du in der 1. Klasse kennengelernt hast! Wende sie an, um einen österreichischen Fluss zu beschreiben!

Die sieben Schritte zum erfolgreichen Steckbrief!

	SIEBEN SCHRITTE	✓
1.	Wähle einen Fluss.	
2.	Sammle und recherchiere Informationen zu diesem Fluss!	
3.	Lies die Informationen sorgfältig durch!	
4.	Filtere Schlüsselwörter mit wichtigen Wortgruppen heraus.	
5.	Hast du eine passende Struktur gefunden, klebe alle Themenkärtchen und Bilder auf!	
6.	Erstelle einen aussagekräftigen und strukturierten Steckbrief.	
7.	Präsentiere deinen Steckbrief!	

BEISPIEL: Steckbrief der Salzach

Name:	Salzach
Quelle:	am Salzachgeier, Kitzbühler Alpen
Mündung:	in den Inn, bei Burghausen
Gesamtlänge:	224 km
Bundesländer:	Salzburg, Oberösterreich
Gewässergüte:	seit 1999 meist Güteklasse 2
Lebensraum für:	verschiedene Fischarten, z. B. Äsche, Bachforelle, Regenbogenforelle; Biber, Eisvogel, Flussregenpfeifer, Braunkehlchen
passiert diese Städte:	Zell am See, St. Johann im Pongau, Bischofshofen, Hallein, Salzburg, Burghausen (Deutschland)
Besonderheiten:	schöne Augebiete, Schmetterlingsreichtum auf Flutwiesen wie z. B. der Ettenau zwischen Salzburg und Burghausen, Grenzfluss zwischen Bayern und Salzburg

Weitere Beispiele für Flüsse, über die du berichten kannst, sind z. B. die Enns, der Inn, die Bregenzer Ache, die Drau, die Leitha, die Mur, die Traun, die Ybbs und die Steyr.

Lebensraum Gewässer

6 Fischregionen der Fließgewässer

W1 Ergänze die folgenden Sätze mit den Begriffen aus der Box!

> **Leitfische:** *Äsche *Barbe *Brachse *Forelle
> **Begriffe:** *geringer *hohen *Nährstoffgehalt *schnell *Temperatur *trüb *Wasserpflanzen *wärmer

Forellenregion: Leitfisch ist die *_____.

Das Wasser fließt reißend *_____ vom Berg talwärts. Es ist sehr sauber und hat einen *_____ Sauerstoffgehalt. Auch im Sommer bleibt das Wasser sehr kalt. Es wachsen nur wenige Wasserpflanzen in diesem Lebensraum.

Äschenregion: Leitfisch ist die *_____.

Das Wasser fließt nicht mehr so schnell und wird *_____. Der *_____ nimmt zu. Äsche, Nase und Huchen sind an ein Leben in dieser Region angepasst.

Barbenregion: Leitfisch ist die *_____.

Hat der Fluss die Ebene erreicht, fließt das Wasser langsamer. Der Sauerstoffgehalt ist *_____.
Der Grund ist oft mit *_____ bewachsen.
Die Barbe braucht zur Nahrungsaufnahme und zum Laichen ein kiesig-schottriges Flussbett, das allerdings verschlammt, wenn der Fluss aufgestaut wird.

Brachsenregion: Leitfisch ist die *_____.

Die Wassermassen bewegen sich nur noch langsam. Die *_____ kann bis zu 20 °C erreichen. Das Wasser ist *_____. Viele Wasserpflanzen bieten gute Lebensbedingungen für Brachsen, Karpfen, Zander, Hecht und Wels.

135

Lebensraum Gewässer

⑦ Kennst du dich mit stehenden Gewässern aus?

W1 **Kreuze die richtigen Aussagen an! Mehrere Antworten sind möglich.**

Stehende Gewässer, die künstlich von Menschen angelegt wurden, sind …
○ Tümpel und Weiher.
○ See und Meer.
○ Teich und Stausee.

Warum leben in einem Tümpel nur Tiere, die das Wasser nach einiger Zeit wieder verlassen können?
○ Weil ein Tümpel manchmal austrocknen kann.
○ Weil das Wasser des Tümpels zu schlammig ist.
○ Weil das Wasser des Tümpels viel zu kalt ist.

Ein natürlich entstandenes Gewässer, das etwas größer als ein Tümpel ist, nennt man …
○ Stausee.
○ Weiher.
○ Meer.

Warum können am Boden des gesamten Weihers Pflanzen wachsen?
○ Der Weiher ist so seicht, dass das Sonnenlicht bis zum Boden dringt.
○ Der Weiher ist so tief, dass an seinem Grund immer fruchtbarer Schlamm vorhanden ist.
○ Am Boden eines Weihers wachsen gar keine Pflanzen.

Warum können Fische in einem zugefrorenen See überleben?
○ Die Fische sterben im Winter. Es entwickeln sich nur die Eier im Frühling weiter.
○ Ein See friert nicht bis zum Boden zu. Die Wassertemperatur ist am Grund gleichbleibend.
○ Ein See hat immer eine unterirdische, warme Quelle. Dort überleben die Fische.

Zu welchem Zweck legen Menschen Teiche an?
○ zur Fischzucht
○ zum Schwimmen
○ zur Verschönerung des Gartens
○ zum Beobachten natürlicher Vorgänge in einem Kleinlebensraum

Wozu werden Stauseen angelegt?
○ zur Stromerzeugung
○ zum Schutz vor Hochwasser
○ zur Landschaftsverschönerung

W2 FSK **Finde heraus, welche Seen in deiner Umgebung natürlich entstanden sind und welche aufgestaut wurden! Wie heißen die größten Seen Österreichs? Österreich ist ein Binnenland. In welcher Zeit war das nicht so? Suche in deinem Geschichtebuch nach Informationen über die Grenzen Österreichs!**

Lebensraum Gewässer

⑧ Pflanzenwelt in und an stehenden Gewässern

Auf den Fotos sind Pflanzen abgebildet, die in und an Gewässern häufig vorkommen. Beschrifte die Abbildungen! Die Silben in der Box helfen dir dabei!

| •BEN •BLATT •ER •GE •KOL •KRAUT •LAICH •LE •LI •LIE •PEST •RO •RO •ROHR •SCHWARZ •SCHWERT •SE •SE •SEE •SEG •SEND •SER •TAU •TEICH •WAS |

Lebensraum Gewässer

9 So entsteht ein Hochmoor

Erkläre diese Abbildungen mit eigenen Worten!

10 Hast du dir die Wörter gemerkt?

T1 S. 58 ④

**Verbinde mit Linien die Begriffe mit ihren Erklärungen!
Trage den Buchstaben, der hinter der Erklärung steht, vor dem dazu passenden Begriff ein! Welches Wort ergibt sich?**

Lösung	Begriff		Erklärung
____	Torf		Torfabbau zur Gewinnung von Heizmaterial und Blumenerde **(O)**
____	Torfstich		Insekten verdauende Pflanze, die im Lebensraum Moor wächst **(R)**
____	Destruenten		Ablagerungen von unvollständig zersetzten Pflanzen **(M)**
____	Sonnentau		Lebewesen, die organische Reste von anderen Lebewesen abbauen **(O)**
____	Moorleiche		im Moor konservierter Körper **(E)**

Informiere dich im Internet, wie eine Moorleiche entsteht! Berichte in der Klasse darüber!

Lebensraum Gewässer

11 Zimmerfeuchtwiese

Pflanze nach der Anleitung eine Zimmerfeuchtwiese und beobachte die Veränderungen! Beantworte danach die darunter stehenden Fragen!

Materialien:
- ein wasserfestes Gefäß, mindestens 10 cm hoch (z. B. ein altes Aquarium)
- Sand
- Kies
- Moospolster
- feuchtigkeitsliebende Pflanzen, z. B. Seggen
- Wasser
- knorriger Ast und leere Schneckenhäuser zur Dekoration

Fülle in das Gefäß eine Schicht Kies, darüber eine Schicht Sand. Setze die Pflanzen ein und verteile die Moospolster sorgfältig. Lass in einer Ecke eine kleine Grube unbepflanzt, um dort den Wasserstand kontrollieren zu können. Gieße vorsichtig Wasser ein. Die Sand-Kiesschicht sollte immer feucht sein. Dekoriere die Feuchtwiese mit natürlichen Materialien. Deine Zimmerfeuchtwiese sollte nicht im direkten Sonnenlicht stehen!

1. Achte immer auf den Wasserstand in der Kontrollgrube! Dort sollte immer Wasser sichtbar sein.

2. Beobachte, ob die Pflanzen wachsen!

3. Was passiert, wenn du das Gefäß für einen Tag mit Klarsichtfolie abdeckst?

_____

4. Welche Auswirkung auf das Raumklima hat die Zimmerfeuchtwiese?

_____

12 Sonnentau – eine Insekten verdauende Pflanze

Ergänze die folgenden Sätze mit den Begriffen aus der Box!

| *Fanghaaren *kleben *Schleim *Tautropfen *trinken *Verdauungssaft |

Die Blätter des Sonnentaus sind mit *_____ besetzt. An den Enden der

Fanghaare glitzert klebriger *_____. Das Insekt hält den Schleim für

*_____. Beim Versuch zu *_____ bleibt das Insekt

*_____. Die Blätter rollen sich ein. Die Pflanze sondert einen

*_____ ab, der die Weichteile des Insekts auflöst.

139

Lebensraum Gewässer

⑬ Süßwasserschnecken im Vergleich

W2 Lies die folgenden Informationstexte und ergänze die darunter stehenden Sätze!

Sumpfdeckelschnecken atmen mit Kiemen. Sie sind Pflanzenfresser, die sich am Gewässerboden von Wasserpflanzen ernähren. Sumpfdeckelschnecken legen keine Eier. Die Jungtiere entwickeln sich aus Eiern im Körper der Mutter. Die Donau-Sumpfdeckelschnecke ist in Österreich vom Aussterben bedroht.

Das Gehäuse der Posthornschnecke ist im Gegensatz zu anderen Schneckenarten flach. Zum Atmen muss die Posthornschnecke regelmäßig an Wasserpflanzen zur Oberfläche kriechen, da sie eine lungenatmende Schnecke ist. Ihre Eipakete legt diese Schneckenart an Wasserpflanzen und Steinen ab.

Spitzschlammschnecken atmen mit Schneckenlungen. Dazu kriechen sie an einem Schleimband an der Unterseite der Wasseroberfläche entlang. Diese Schneckenart kommt in ganz Europa in Flussauen und in stehenden Gewässern vor. Einzelne Spitzschlammschnecken können sehr groß werden (bis zu 7 cm).

Die verschiedenen Arten der Süßwasserschnecken können entweder mit

*_____ oder mit *_____ atmen. Eine Besonderheit

der *_____ ist es, dass die Jungtiere vom Muttertier zur

Welt gebracht werden. Sie legen also keine *_____. Eine Schneckenart,

deren Gehäuse keine Spitze hat, sondern flach ist, ist die *_____.

Sie kriecht an die Wasseroberfläche, um zu *_____. Eine Schneckenart, die an

der Wasseroberfläche hängend kriechen kann, ist die *_____.

⑭ Schneckenwissen für Profis

T1 S. 59 ⑤

W2 Was ist ein Schneckenkönig? Recherchiere im Internet oder in Fachbüchern!

_____

_____

_____

⑮ Wie ist eine Muschel aufgebaut?

Beschrifte die Abbildung mit den Begriffen aus der Box!

> *After   *Darm   *Fuß   *Herz   *Kiemen   *Magen   *Mantel
> *Mundöffnung   *Schale   *Schließmuskel   *Schloss

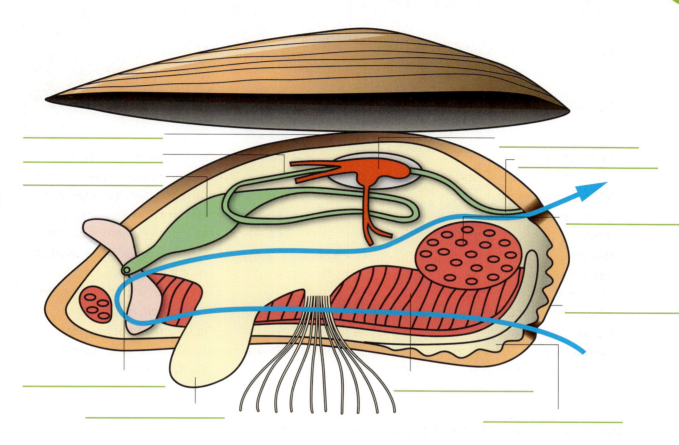

⑯ Die Flussperlmuschel

Ergänze die folgenden Sätze mit den Begriffen aus der Box!

> *120 Jahre   *Aussterben   *Bachforelle   *Gewässern   *Kiemen   *Lebensraum

Die Flussperlmuschel kann nur im Lebensraum der *_____ leben. Die

Muschellarven entwickeln sich einige Monate lang an den *_____ der

Forellen. Die ursprünglich aus Nordamerika stammende Regenbogenforelle wurde in der

Vergangenheit in europäischen *_____ ausgesetzt. Sie besiedelt zwar

einen ähnlichen *_____ wie die Bachforelle, ist für die Fortpflanzung der

Flussperlmuschel aber keine Hilfe. Eine Flussperlmuschel kann bis zu *_____

alt werden. Diese Muschelart ist vom *_____ bedroht.

Lebensraum Gewässer

17 Schnecken und Muscheln im Vergleich T1 S. 59 ⑤

W1 **Kreuze die richtigen Aussagen an! Mehrere Antworten sind möglich.**

Ein Schneckenhaus ist fast immer …
○ im Uhrzeigersinn gewunden.
○ gegen den Uhrzeigersinn gewunden.
○ gerade.

Die zwei Schalen einer Muschel werden von …
○ einem Schloss zusammengehalten.
○ einem Schließmuskel zusammengehalten.
○ einem Schlossband zusammengehalten.

Der Körper einer Gehäuseschnecke gliedert sich in …
○ Kopf, Fuß und Bauch.
○ Kopf, Fuß und Eingeweidesack.
○ Kopf, Eingeweidesack und Arm.

Muscheln haben keinen …
○ Kopf.
○ Fuß.
○ Eingeweidesack.

Schnecken ohne Gehäuse nennt man …
○ Süßwasserschnecken.
○ Nacktschnecken.
○ Schnirkelschnecken.

Süßwasserschnecken atmen mit …
○ Lungen.
○ Kiemen.
○ Nasen.

Muscheln ernähren sich von …
○ Wasserpflanzen.
○ Insekten.
○ Plankton.

Schnecken, Muscheln und Kopffüßer gehören zu den …
○ Weichtieren.
○ Schalentieren.
○ Gliedertieren.
○ wirbellosen Tieren.

Lebensraum Gewässer

⑱ Kostbares Wasser

a) Ergänze die folgenden Sätze mit den Begriffen aus der Box!

> * Gesundheit * Grundwasser * Tourismus * Quellen * Quellschutzgebiete
> * Verschmutzung * Wasserverbrauch

Trinkwasser kommt in Österreich zu 100 % aus sauberen *__Quellen__ oder aus dem *__Grundwasser__. Die Versorgung mit sauberem Trinkwasser in ausreichender Menge ist für die *__Gesundheit__ und die Lebensqualität der Bevölkerung sehr wichtig. Der durchschnittliche *__Wasserverbrauch__ der Österreicherinnen und Österreicher ist abhängig von der Haushaltsgröße und der Temperatur. Verschwendung und *__Verschmutzung__ von Trinkwasser muss unbedingt vermieden werden. Außerdem müssen die *__Quellschutzgebiete__ vor Verunreinigungen geschützt werden. Waldwirtschaft, *__Tourismus__, Jagd und Fischerei sollten dem Quellschutz untergeordnet werden.

b) Zeichne ein Streifendiagramm. Der Streifen soll ca. 2 cm breit und 13 cm lang sein. 13 cm entsprechen dann einem Wasserverbrauch von 130 Litern. Trage die entsprechenden Längen ein, bemale und beschrifte die einzelnen Abschnitte!

Der Wasserverbrauch von Frau Plitsch von täglich 130 Litern setzt sich zusammen aus:

* Duschen und Baden: 44 Liter
* WC-Spülung: 40 Liter
* Wäsche waschen: 15 Liter
* Wohnungsreinigung, Gartenbewässerung, Autowaschen: 12 Liter
* Zähneputzen, Händewaschen: 9 Liter
* Geschirr spülen: 6 Liter
* Kochen: 2 Liter
* Trinken: 2 Liter

METHODE

Im TEAM arbeiten

Teamarbeit ist eine wichtige Form der Zusammenarbeit, die euch ein ganzes Leben – besonders im Berufsalltag – begleiten wird. Teamarbeit ist super, weil …

… ihr mit anderen etwas gemeinsam erarbeitet.
… ihr im Team Fragen gemeinsam klären könnt.
… eure Mitverantwortung gestärkt wird.
… ihr Aufgaben im Team verteilen könnt.
… ihr im Team beachtet und gebraucht werdet.

… ihr gemeinsam mehr Ideen habt.
… eigene Interessen und Fähigkeiten eingebracht werden.
… ihr gemeinsam mehr Spaß und Erfolg beim Lernen habt!

	Die 6 Schritte zur erfolgreichen Teamarbeit!	✓
1.	Sucht für euer Team einen geeigneten Arbeitsplatz!	
2.	Damit die Arbeit im Team möglichst reibungslos abläuft, verteilt Managementaufgaben an verschiedene Teammitglieder: Die **Zeitmanagerin**/Der **Zeitmanager** achtet auf den erstellten Zeitrahmen. Die **Materialmanagerin**/Der **Materialmanager** organisiert die benötigten Arbeitsmaterialien. Die **Lautstärkenmanagerin**/Der **Lautstärkenmanager** achtet auf eine angemessene Arbeitslautstärke. Die **Regelmanagerin**/Der **Regelmanager** achtet auf das Einhalten der Teamregeln. 	
3.	Informiert euch über die Aufgabe, die dem Team gestellt wird!	
4.	Teilt die Arbeiten gerecht auf, schätzt den Zeitbedarf und erstellt einen Zeitplan!	
5.	Arbeitet zügig, intensiv und unterstützend am Teamthema!	
6.	Bereitet die Präsentation gemeinsam vor und übt den Vortrag!	

Regeln der Teamarbeit

- Akzeptiert andere Meinungen!
- Alle im Team sind wichtig!
- Alle tragen die gleiche Verantwortung für das Ergebnis der Teamarbeit!
- Sprecht auftretende Probleme offen an!
- Hört aufmerksam zu und geht fair miteinander um!
- Alle machen mit und geben das Beste!

144

Lebensraum Gewässer

⑲ Tiere im und am Wasser

Arbeitet in Teams zu je 4 Schülerinnen bzw. Schülern! Beachtet das Methodenblatt „Im Team arbeiben" auf Seite 144! Jedes Team wählt eine Tierart aus und gestaltet die Grafik! Schreibt den Namen der Tierart in das mittlere Feld! Malt in das rechte untere Feld ein Bild der Tierart! Hilfe dazu findet ihr in einem Biologiebuch, z. B. in Teil 1 auf Seite 61!

Systematik

Körperbau

Lebensraum

Nahrung

Fortpflanzung

Gefährdung

Besonderheiten

Lebensraum Gewässer

20) Wie ist der Körper eines Flusskrebses gebaut?

a) Beschrifte die Abbildung mit den Begriffen aus der Box!

> * Afterfüße * Antennen * Darm * Herz * Kieferfüße
> * Schere * Schreitbein * Schwanzfächer

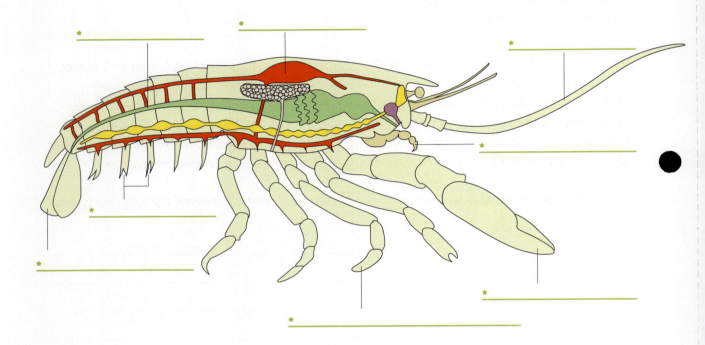

b) Ergänze die folgenden Sätze mit den Begriffen aus der Box!

> * mitwächst * Panzer * Scheren * verstecken * Wasserverschmutzung

Der Körper eines Flusskrebses ist von einem *_____ umgeben.

Das vorderste Paar der Scheitbeine ist zu *_____ umgebildet. Diese braucht der Krebs zum Ergreifen der Beute. Der Panzer muss immer wieder abgeworfen werden, weil er nicht *_____. Solange der neue Panzer noch weich ist, ist der Krebs ungeschützt. Er muss sich daher vor seinen Fressfeinden *_____.

Der Flusskrebs ist gefährdet, da er sehr empfindlich auf *_____ reagiert. Auch die Krebspest, eine Pilzkrankheit, und der aus Nordamerika eingewanderte Signalkrebs sind Gefahren für den Flusskrebs. Der Signalkrebs verdrängt den Flusskrebs aus seinem Lebensraum und ist außerdem unempfindlich gegenüber der Krebspest.

Lebensraum Gewässer

21 Die Bewohner eines Gewässers sind voneinander abhängig

Bastle ein Nahrungskettenmobile und beantworte danach die darunter stehenden Fragen!

T1 S. 61

Materialien:
- Bilder von Tieren und Pflanzen, die sich einen Lebensraum teilen
- Karton und Schere
- Wolle, Perlgarn oder Spagat
- kleine Holzspieße (ca. 15 cm lang)
- Zirkel, Klebeband, Klebstoff

Du kannst die Bilder von den Tieren und Pflanzen entweder selbst zeichnen, oder im Internet suchen, ausdrucken und ausschneiden. Trage mit dem Zirkel Kreise auf dem Karton auf (r = 4 cm), schneide sie aus und klebe die Bilder auf. Stich mit der Schere vorsichtig kleine Löcher in die Kartons, damit du die Fäden durchfädeln kannst. Setze die Bilder nun mit den Holzspießen, den Fäden und dem Klebeband zu einem Mobile zusammen. Achte darauf, Tiere oder Pflanzen, die in einer Nahrungsbeziehung zueinander stehen, aneinander hängen.

1. Was passiert, wenn aus dem fertigen Mobile eine Tier- oder Pflanzenart herausgeschnitten wird?

2. Was kann passieren, wenn der Mensch in ein Ökosystem eingreift?

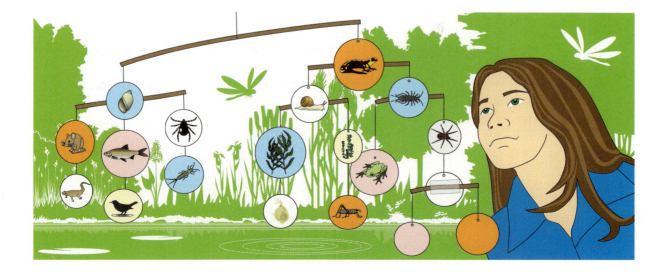

Lebensraum Gewässer

22 Ein Umwelträtsel

W2 **Lies den Informationstext über einen eifrigen Naturbeobachter und beantworte die darunter stehenden Fragen!**

Das Geheimnis des Gartenteichs. Herr Schlau ist ein großer Naturfreund. Oft geht er zum Weiher in der Nähe seines Hauses und beobachtet interessiert die vielen Tiere an und im Wasser. Damit er auch zu Hause viele Tiere in seinem Garten hat, beschließt er, einen Gartenteich anzulegen. Er gibt sich viel Mühe und bereitet einen wunderbaren Teich vor. Damit alles genau so wird wie am Weiher, gräbt er dort einige Wasserpflanzen aus und setzt sie in seinen Gartenteich. Danach fängt er viele Tiere: Fische, Frösche, Schmetterlinge, Libellen, eine Würfelnatter und sogar Wasserläufer. Beim Frühstück sitzt er nun immer im Garten und beobachtet seinen Teich. Wenn ihm Semmelbrösel oder Brotreste übrig bleiben, wirft er sie zu den Fischen im Teich. Es scheint alles in bester Ordnung zu sein. Besonders die Pflanzen gedeihen prächtig. Wasserpest, Laichkraut und Flutender Hahnenfuß wachsen schnell. Eines Morgens schwimmen aber plötzlich alle Fische mit dem Bauch nach oben. Kein einziger Fisch hat überlebt! Herr Schlau ist ratlos. Er hofft, dass wenigstens die Frösche im nächsten Frühling viele Laichballen in seinen Teich ablegen werden.

1. Was ist mit den Fischen geschehen?

2. Werden die Frösche im nächsten Frühling wiederkommen?

3. Welche Fehler hat Herr Schlau gemacht?

23 Was weißt du über verschmutzte Gewässer?

T1 S. 62 ⑥

W2 **Welche Aussagen sind richtig, welche falsch? Kreuze an! Stelle die falschen Aussagen richtig und schreibe sie in dein Heft!**

	richtig	falsch
Wenn ein See stark gedüngt wird, ist das für die Fische vorteilhaft.	○	○
Wenn ein See stark gedüngt wird, wachsen die Algen schnell.	○	○
Wasserpflanzen erzeugen bei Tageslicht Sauerstoff. Bei Nacht allerdings verbrauchen sie Sauerstoff.	○	○
Wachsen in einem See viele Algen, ist die Wasserqualität sehr gut.	○	○
Tote Tiere sinken im See zu Boden, wo sie von Destruenten zersetzt werden.	○	○
Die Pflanzenfresser im See nennt man auch Destruenten.	○	○
Ein See „kippt", wenn die Zuflüsse Hochwasser führen und das Wasser über die Ufer steigt.	○	○

24 Gewässergüteklassen und Zeigerorganismen

Wie heißen diese Zeigerorganismen und für welche Gewässergüteklasse sind sie typisch? Schreibe die Namen zu den Abbildungen und in die Zeile darunter die jeweilige Güteklasse!

* Bachflohkrebs * Köcherfliegenlarve * Rollegel * Schlammröhrenwurm
* Wasserassel * Zuckmückenlarve

Name: _____

Name: _____

Güteklasse: _____

Name: _____

Name: _____

Güteklasse: _____

Name: _____

Name: _____

Güteklasse: _____

Lebensraum Gewässer

25) Wie funktioniert eine Kläranlage?

a) Lies den Text sorgfältig und unterstreiche in jedem Absatz zwei bis vier Schlüsselwörter!

Durch den Kanal wird das Abwasser zur Kläranlage geleitet. Ein Rechen filtert die gröbsten Verunreinigungen heraus. Im Sandfang setzen sich nicht schwimmende Verunreinigungen wie Sand oder kleine Glasteile am Boden ab. Danach fließt das Wasser sehr langsam in das Vorklärbecken, wo sich Schlamm am Boden absetzt. Dieser Schlamm wird in den Faulturm gepumpt.

Das Abwasser fließt weiter in das Belebungsbecken. Hier bauen Bakterien und andere Mikroorganismen (z. B. Wimpertierchen) den Schmutz ab. Um arbeiten und atmen zu können, brauchen diese kleinen Lebewesen Sauerstoff, daher wird Luft von unten in das Becken eingeblasen. Im Nachklärbecken wird das aufgewirbelte Wasser wieder beruhigt. Mikroorganismen, die durch Vermehrung entstanden sind, sinken zu Boden und werden danach in den Faulturm gepumpt. Im Faulturm entstehen ohne Luftzufuhr bei einer Temperatur von meist 37 °C Faulschlamm und Faulgas. Dies wird zur Wärmegewinnung genutzt.

In der letzten Reinigungsstufe werden schwer abbaubare Stoffe, Schwermetalle oder Salze entfernt. Dies erfolgt durch verschiedene chemische Vorgänge, meist durch Zugabe von Eisen- oder Aluminiumsalzen. Das fertig gereinigte Wasser kann wieder in einen Fluss eingeleitet werden. Der Faulschlamm aus dem Faulturm wird entwässert und meistens verbrannt.

b) Ordne nun die passenden Zwischenüberschriften aus der Box richtig zu!

Zwischenüberschriften

* Biologische Reinigung durch Mikroorganismen
* Belebung des Faulturms
* Mechanische Reinigung durch Rechen, Sandfang und Vorklärbecken
* Erste Reinigungsstufe durch Belebungsbecken und Faulturm
* Bärtierchen und Wimpertierchen bevölkern den Faulschlamm
* Chemische Reinigung
* Verbrennung der Mikroorganismen